어느 할아버지의
에너토피아 이야기

ENERTOPIA
에너지가 풍족한 사회

한남(漢南) **박 정 기**

'35년생. 육사 14기. 군인으로, 경영인으로, 체육인으로, 그리고 작가로도 성공한 사람. 한국중공업과 한국전력 사장 시절 보여준 그의 경영스타일과 리더십은 많은 일화를 남겼다. 특히 한국전력 사장 재임 시 '에너토피아'를 목표로 원자력발전 기술을 자립한 업적은 두고두고 우리 경제발전의 밑거름이 될 것이다.

체육인으로서는 한국 육상이 불가능하다고 믿어온 두 가지 일을 성취한다. 황영조의 올림픽 금메달과 이봉주의 마라톤 은메달이다. 또 2011년에는 세계3대 스포츠의 하나인 세계육상선수권대회를 육상의 불모지 한국 대구에 유치하였다.

저서로는 30여만 부가 팔린 〈어느 할아버지의 평범한 이야기〉와 지도자론, 〈남북전쟁〉, 〈육상 이야기〉 등 여러 권의 베스트셀러가 있다.

현재 (사)한미친선군민협의회 회장. 국제육상연맹(IAAF) 종신 명예이사.

어느 할아버지의 에너토피아 이야기
지은이 박정기

1판 1쇄 발행 2014년 9월 25일
1판 5쇄 발행 2023년 4월 15일

발행인 유정희
발행처 (주)지혜의가람

서울시 강서구 공항대로 65가길 25, 202호
전화: (02) 3665-1236 / 팩시밀리: (02) 3665-1238
E-mail: garamwits@naver.com

등록번호 제 315-2012-000053호
등록일자 2012년 5월 17일
ⓒ2013 Jihyeui-Garam Publications

ISBN 978-89-97860-04-3   03330

어느 할아버지의
에너토피아 이야기

ENERTOPIA

漢 南 著

지혜의가람

한전(韓電) 때 얘기를 쓴다.

선배가 글을 남겨야 후진(後進)이 배운단다. 그런 글은 자랑만 늘어놓아 볼 가치(價値)가 없다고도 한다. 누구 말이 맞는지 모르겠다. 둘 다 맞는 것 같기도 하고.

사리(事理)에 밝은 친구 얘기다. 배우기도 하지만 생각을 하게 할 거라고. 꼭 쓰란다. 사실(事實)만 쓰란다. 망설였다.

임자 없는 자리는 아무나 차지하듯, 정설(定說)이 빠지니 사설이 판을 친다고. 동네 가게에서 불량과자를 팔게 두면 아이들 건강을 해친다고. 그 친구 얘기다. 맞고 그르고를 떠나 그 말은 일리(一理) 있다.

쓰기로 마음을 고쳐먹었다. 사실만을 쓰라면 못할 것도 없지. 그래도 쓰고 나면 자랑투성일 텐데. 한참을 또 망설였다.

욕먹는 것만 무섭고, 후진들 방치(放置)하는 건 무섭지 않느냐고 다그친다. 비겁하단다. 오냐, 쓰마.

사실에 충실했지만 사람 따라 눈에 거슬릴 곳도 있을 것이다.

해량(海諒) 바란다.

漢 南

-차 례-

행동지침

1. 소통

심장이 뛴다. 맑은 피를 내 뿜는다. 손끝과 발끝까지.

온몸에 퍼진 신경계는 재깍재깍 바깥 자극을 알려준다.

혈액과 신경의 소통이 잘되는 사람 – 건강한 사람이다.

건강한 조직의 제일 요건은 무엇인가? 소통이다.

말이 통하고, 뜻이 통하고, 마음이 통하는 조직 –, 그게 건강한 조직이다.

소통이란 무엇인가? 아주 간단히 말해 "장군아!"에 "멍군아!"이다. '도전'과 '응전'이다.

"장군"은 누가 먼저 하는가? 조직의 제일 높은 사람, 사장, 회장이다. 무턱대고 "장군!"만 하면 되는가? 아니다.

명승부(名勝負)가 되려면 먼저 멋진 "장군아!"에 묘수(妙手) "멍군아!"가 나와야 한다. 서툰 "장군"에 졸수 "멍군"으로 받으면 판은 시들해지고, 한두 수만에 파장이다.

따라서 사장의 기막힌 "장군아!"에 절묘한 부하의 "멍군아!"가 받아칠 때, 건강한 조직이 되는 것이다. 이런 게 소통이요, 건강한 조직이다.

50여 년 전, 박정희 대통령이 주창한 새마을운동을 상기해 보자. 위에서 "잘 살아 보세!"라고 외치자, "새벽종이 울린다."로 온 국민이 나섰다. 이어지는 '수출 입국', '중화학공업 육성', '자주 국방'이란 멋진 "장군아!"에 우리 누나들의 눈물겨운 생머리 수출로부터, 학부를 졸업한 간호부와 광부들이 독일행 대열에 줄을 서고, 90여 만 노동자들이 사막으로 떠났다. 이어서 세계 제일의 조선 입국이란 "멍군"이 뒤를 따랐다. 그야말로 멋진 "장군아!"에 묘수 "멍군"이 되었다. 소통은 계속되었고, 마침내 '조국 근대화'가 성공하였다.

이렇듯, 리더란 정신이 번쩍 나는 메시지를 먼저 던져야 한다. 그때 부하들이 눈을 뜨고 정신을 차리는 것이다. 이것이 소통의 시작이다.

지혜로운 "장군아!"에 부하들이 눈만 뜨는 게 아니다. 감동하고 신이 나는 것이다. 말이 통하고, 뜻이 통하고, 마음이 통하기 시작하는 것이다.

그래서 리더는 멋진 "장군아!"를 먼저 할 줄 알아야 한다. 그게 아무나 할 수 있는 일이라던가?

그러니까 리더는 아무나 되어서도 안 되고, 시켜서도 안 되고, 하려해서도 안 된다.

멋진 "장군"이란 어떤 것인가?

눈을 번쩍 뜨게 하는 "장군", 신나게 하는 "장군", 안 따를 수가 없는 "장군"이다. "장군"을 안 받으면 끝장이 아닌가?

그래서 소통이란 말로만 하는 게 아니다. 행동이 따르도록 해야 한다. 그러자면 알아듣는 얘기, 신나는 메시지가 담겨야 한다.

'잘 살아 보세'란 외침은 알아듣기 쉽다. 남의 얘기도 아니다. 내가 덕이 되는 얘기다. 어느 누가 어리둥절하거나, 게으름을 피우거나, 팔짱만 끼고 쳐다보고 있겠는가?

소통이란 이렇듯 윗사람의 뜻이 아래로 전달되고, 밑에서는 신이 나서 따르고, 끼리끼리 통하여 새로운 메시지를 위로 요구하는 일련의 순환작용(循環作用)이다. 그러니까 소통은 리더의 메시지로부터 시작된다. 정신이 번쩍 들게 하는 메시지, 신이 나서 따르게 하는 메시지 - 그래서 메시지는 언제나 간단하고 명쾌해야 한다. 바로 실천할 수 있어야 한다.

'잘 살아 보세'는 얼마나 명쾌한가? 또, 얼마나 신나는 메시지인가? '창조경제'와 비교해 보라. 차원이 다르지 않은가?

멋진 "장군!"이란 이런 것이다.

2. 사람의 향기

'83년 3월 하순, 정부로부터 한국전력(韓國電力)을 맡으라는 통보가 있었다. 나는 잠시 당황했다. 한국중공업(韓國重工業)도 감당하기 힘들었는데, 한국전력이라니!

나는 골방으로 들어가 생각에 잠겼다. 생각이 정리가 안 된다. 서가에서 옛 병서(兵書)를 뽑아 들었다. 《육도삼략(六韜三略)》 – 무작위로 책을 펼쳤다. 첫머리에 – "무책(無策)이 상책(上策)이라!"

한국의 최대 공기업 한전은 지금의 내 처지에서 이리 꾸며보고, 저런 궁리로 요리할 간단한 대상은 아니라는 것, 부딪쳐 가며 꾸려나가란 그런 뜻이 아닌가?

1983년 4월 2일, 지금은 비싼 아파트가 들어선 삼성동 언덕, 구 한전 본사 강당에서 취임식을 가졌다. 특별한 구상도 없이 부임하였다. 그야말로 '무책(無策)'으로 덤볐다. 한동안 형편을 살펴가며 대처해 가리라.

취임식을 마치고 회의실에서 첫 임원 상견례(相見禮)를 가졌다. 사관학교 3년 선배인 최연식 부사장(예비역 중장)을 비롯하여 신동선 감사(육사 8기), 김선창, 문희성, 최상득, 김병철 이사(당시는 이사제도였다) 등 쟁쟁한 한전맨들이 배석했다. 태도는 정중(鄭重)했지만 내심(內心)은 그렇게 안 보였다. '팔자가 좋아 젊은 나이에 낙하산을 타고 내려온 예비역 육군중령'에게 그냥 승복(承服)할 그들이 아니었다.

그러나 내겐 단번에 답 하나가 나온 셈이다. 이 사람들이 승복하지 않는 한 경영(經營)은 성공할 수 없다는 것. 나의 첫 과제(課題)는 이들과 소통하는 것이다.

그로부터 한동안 일대일의 대화를 시작했다. 사무실로도 부르고, 밥도 같이 먹었다.

기술계(技術系) 이사를 만날 때는 무조건 많이 들었다. 상대의 얘기가 멈추면 질문을 던지고 진지하게 배웠다. 사장을 가르친다는 건 기분 좋은 일이다. 이윽고 내 차례가 오면, 슬슬 경영 쪽으로 화재(話材)를 끌었다. 당시 유행했던 드러커와 허만 칸을 나는 좀 읽었다. 기술 쪽은 아무래도 작심하고 공부한 내 얘기에 끌릴 수밖에 없다.

신앙인(信仰人)을 만날 때는 종교철학(宗敎哲學)을 좀 읽고 갔다. 캘비니즘이나 청교도(淸敎徒) 쪽 얘기를 꺼내면 껌벅하기 마련이다.

사우디 반도에서 5년 동안 헤맨 것도 큰 도움이 되었다. 모두가 서울대 우등생(優等生)들이었지만 한전의 성격상 아무래도 바깥일은 어두웠다. 시간이 지나면서 그들은 말하기보다 듣는 쪽이 되어 갔다.

늘 가던 삼성동 한식집에서 모 전무와 저녁을 할 때이다. 어지간히 속내를 터놓을 만한 시간도 흘렀다.

"요즘은 사장(社長)을 어떻게 봅니까?" 잠시 내 눈치를 살폈다. 그리고 작심한 듯 내뱉는 말이,

"그냥 좋게 들어 주십시오. '그 새끼 정말 괜찮은데-'입니다."

그날은 둘 다 많이 취했다.

좀 외람된 말이지만 사람이 따르는 것은 지식(知識)이 아니라 덕(德)이다. 덕? 솔직히 잘은 모르겠다. 비전, 신념, 용기, 사랑[仁·인], 의(義) 같은 것? 학식, 인품(人品)? 그냥 풍기는 '향기(香氣)' 같은 것이라고 해 두자.

한 시대를 사는 사람이나 조직은 각각 맡은 소임(所任)이 있을 것이다. 그걸 놓치면 후손이 힘들어지고, 어쩌면 나라까지도 기울어지는 그런 일 – 좀 거창하게 말한다면 천명(天命) 같은 것이 아닐까 – 하늘이 그 시대를 사는 사람 또는 조직에게 바라는 그런 일이 반드시 있을 것이다.

굳이 사람을 구별해서 말한다면 천명을 아는 사람이 리더요, 그냥 생각 없이 사는 사람이 아랫사람일 것이다. 천명을 모른다고 잘못은 아니다. 어쩌면 모르고 사는 게 천명일 수도 있으니까. 사람의 아름다운 덕목(德目)은 천명 말고도 얼마든지 있는 법. 그러나 천명을 아는 사람한테선 향기가 날 것이다. 무언가 다르기 때문이다. 그래서 나도 모르게 끌린다. 사람들이 모여든다. 향기 때문이다. 결국 향기는 천명(天命)에서 오고, 그런 게 덕(德)이라는 게 아닐까?

3. 활기 있게 걷자!

정부의 한전 발령 통보가 있은 다음, 회사에 대해 나름대로 조사했다. 사람들의 조언(助言)도 많이 들었다. 좋은 점도 많았지만 적폐(積弊)도 적지 않은 듯했다. 한마디로 '덩치만 컸지 모든 게 구태의연한 완고(頑固)한 노인' 같은 회사였다.

부임해서는 한두 달 주시(注視)하기로 했다. 역시 회사가 너무 고루(固陋)하다는 인상이었다. 회사의 분위기, 관행(慣行), 의전(儀典) 등이 보수적이고, 생동감이란 찾아 볼 수가 없었다. 어디까지나 내 기준이지만, 심하게 표현하면 '은퇴자(隱退者)가 모인 조용한 휴양지' 같은 기업이었다. 경쟁상대가 없는 독점(獨占)기업, 안정된 평생직장, 좋은 보수, 특별한 긴장이 필요 없는 평화로운 분위기는 매너리즘에 빠진다.

'우선 회사가 젊어져야 한다. 생동감이 넘치게 해야 한다.'고 생각했다. 적어도 본사의 중요 간부들은 사장의 뜻이 통한다. 그러나 휴전선에서 제주도까지 전국에 흩어져 있는 3만여 명 직원과의 소통은 어떻게 할 것인가?

서울에 앉아 있는 사장의 존재감이란 멀리 제주도나 강원도 직원들에겐 없는 것이나 마찬가지. 존재하지도 않는 사장과의 소통이란 생각도 할 수 없는 일이 아닌가.

그래서 부임 초 내 세운 게 〈행동지침〉이었다.

(1) 활기 있게 걷자.

(2) 오늘 일은 오늘 끝내자.

(3) 하루 한 번 남을 칭찬하자.

지침(指針)이란, 말이 좋았지 실은 행동하고 따르라는 명령(命令)이다. 내가 부른 첫 "장군아!"였다. 회사가 술렁거렸다.

'회사가 군댄 줄 아나? 군XX이가 오더니 별일을 다 보네.' 온갖 불만이 여기저기서 터져 나왔다. 평화로운 호수에 돌을 던진 격이다. 파장이 일파만파로 퍼졌다. 아닌 밤중에 '가슴을 펴라, 빨리 걸어라' – 평탄한 직장생활을 해 오던 직원들에겐 홍두깨였을 것이다.

두어 달이 지났다. 전국 지사장 회의를 소집했다. 나는 솔직하게 말했다. 내 눈에 비친 한전의 첫 인상을 '타성(惰性)에 젖은 오만한 늙은 거인(巨人)'에 비유했다. 직장이란 자기 인생의 승부처(勝負處)요, 자기 실현의 장(場)이지 휴양지는 아니라는 것, 뿐만 아니라 독점기업일수록 조직의 젊음을 유지하기 위한 치열(熾烈)한 노력이 있어야 한다는 것, 그러자면 활기(活氣) 넘치는 직장 분위기를 먼저 만들어야 한다고 역설하였다. 그리고 이것은 사장의 지시(指示)라기보다 지점장 자신의 과업(課業)으로 추진(推進)해 달라고 간곡히 당부하였다.

한편, 각 지점, 지사에 '행동지침 선도요원'을 임명하고, 지점의 활동을 독려하였다. 또한 정기적으로 본사에 그들을 소집, 지점별 성과를 평가하였다. 이때는 제주도는 물론 울릉도 지점에서도 참가하였다. 지시로만 끝내지 않고 어느 지사도 소홀히 할 수 없도록 시스템을 작동시킨 것이다.

두어 달이 지났다. 전국의 한전에 변화가 생기기 시작하였다.

어슬렁어슬렁 걷는 사람이 없어졌다. 아래 호주머니에 양손을 찔러 넣은 채 잔뜩 웅크리고 걷는 사람도 볼 수 없었다. 전국의 지점, 지사에 생동감이 넘쳤다.

역정을 내던 대다수 직원들이 자발적으로 참여하기 시작하였다. 신이 났기 때문이다. 활기 있게 걷기 시작하면서 자신이 변하는 것을 느꼈다. 왠지 기분이 좋고, 매사에 자신이 생기고, 건강도 좋아지는 것을 느꼈기 때문이다.

4. "사장하고 한잔 했지."

"장군"을 불렀으니 "멍군"을 받을 차례. 문제는 강원도나 전라도 오지(奧地)의 직원들과의 소통이었다. 그래서 창안한 게 등산이었다. 평일에도 산에 오를 수 있게 이름하여 〈산상회의(山上會議)〉라고 불렀다. 등산만 하는 게 아니라 실제로 간단한 의제(議題)를 가지고 정상에서 회의를 했다.

산행의 대상은 전국의 명산(名山)들이다. 인원은 200명 내외로 구성해야 하므로 오를 산을 중심으로 인근 지사와 지점에서 적정인원을 선발하였다. 회의가 끝나면 바로 회식으로 들어갔다. 산상회의의 백미는 회식시간, 준비한 막걸리와 소주로 흥겨운 분위기가 벌어진다. 만나기 힘든 사장까지 동석했으니 얼마나 신나는 자리인가?

평소에는 하기 힘든 말도 마구 쏟아 놓는다. 나는 열심히 듣고, 어깨를 한번 두드려 주면 된다. 소통에는 긴 말은 필요 없다. 진짜 소통은 마음으로 하는 것.

"내가 오늘 사장하고 술 한잔 했지."

직원들이 등산 후 가족이나 산행을 못한 동료에게 하는 자랑이다. 그러나 직원들과는 달리 나이 지긋한 간부들 사이에서는 별로 인기가 없는 듯하였다. 나이 탓이리라. 더구나 평생 산행이라곤 해보지 않은 몇몇 간부들에겐 말할 수 없는 고역(苦役)이었을 것이다. 그래서 이런 덕담(德談)으로 그들을 회유하였다.

소위 산행오덕(山行五德)이다. 건강에 좋으니 그 덕이 하나요, 계곡의 물 흐르는 소리와 경관을 즐기니 그 덕이 둘이요, 깊은 생각에 잠기니 그 덕이 셋이요, 정상에 올라 땅과 하늘을 번갈아 보며 호연지기(浩然之氣)를 키우니 그 덕이 넷이요, 대자연 속에서 서로 심금(心琴)을 터놓을 수 있으니 그 덕이 다섯이라.

그런데 산상회의가 내게는 보통 문제가 아니었다. 그날은 물론 다음 날까지, 속된 말로 나는 죽었다. 누구 잔은 받고, 누구 잔은 안 받을 수 없는 게 사장 입장. 아무리 적게 받아도 수십 잔은 마셔야 한다. 그것도 눈치 빠른 직원들이 봐주어서 망정이지, 제대로 다 받아 마셨다면 산행은 계속 못 했을 것이다.

소통 좋아하다 된통 당했다. 이래저래 소통은 어렵다.

5. 지리산 (智異山)

나는 지리산(智異山)이 마음에 든다. 백두, 한라, 설악도 위대하지만 어쩐지 지리산이 좋다. 한자로는 智異山이라 쓰고 읽기론 '지리산'으로 읽으란다. 그러나 사람들은 지이산, 지리산, 기분 나는대로 부른다.

지리(智異)는 백두(白頭)의 웅장함이나 설악(雪岳)의 절경에 샘을 내지 않는다. 내세우거나 뽐내는 게 없다. 언제나 푸근한, 어머니의 가슴 같은 넉넉함으로 사람들을 포용한다. 그 여유와 넉넉함이 좋지 않은가.

산행(山行) 중 가장 뜻있는 행사는 역시 지리산 등반(登攀)이었다. 호남지역 각 지점에서 선발된 직원 500명과 영남지역의 한전 직원 500명이 지리산 노고단에서 만나는 행사다. 부임 후 얼마 안 되어 시작한 '88운동'의 일환이다. 88이란 숫자는 영호남을 잇는 고속도로명에서 따온 것이다.

'88운동'의 골자는 인사교류, 소통을 통한 인간이해, 西男東女, 東男西女(서남동녀, 동남서녀)의 혼인 장려 등이다. 광주와 대구지사장은 의례히 향토 출신으로 보임하던 관례를 깨고 그 반대 인사를 하였다. 토박이 광주인 김재진을 대구로 보내고, 토박이 경상도인 박만윤을 광주로 보냈다. 처음, 본인들은 내심 망설였을 것이다. 그러나 모두가 성공적으로 지사장직을 잘 해냈다. 직원들 입장에서도 불편한 일들이 더러 있었을 것이다. 그러나 겹겹이 쌓인 담장 하나를 걷어낸 것은 뜻이 있었다.

김재진 처장, 목포고, 고대를 나온 수재, 흔히 고급 간부들에게서 자주 보는 약삭빠름이라고는 전혀 찾아 볼 수 없는 푸근한 인품. 지리산 같은 사람. 재임 중 내가 좋아했던 인물이다.

박만윤, 포항고, 성균관대를 나와 까다로운 본사 노무처장직을 훌륭하게 수행해 온 사람.

지사장만이 아니라 직원들도 일정 인원을 선발하여 동서간 지점에서 한 주일씩만 상호 교류하여 근무케 하였다. 교류기간을 짧게 잡은 것은 생활근거지를 떠나면 개인생활에 지장이 있기 때문이다. 객지생활은 민박을 권장하였다. 짧은 기간이지만 보다 깊은 이해를 돕기 위해서다. 이 제도는 서로를 이해하는 좋은 계기가 되었고, 업무상으로도 많은 도움이 되었다. 서로 오래 떨어져 생활하는 동안 같은 일을 두고도 하는 방법이 달라지기 때문에 피차에 장점을 바로 배울 수 있었다. 동서 혼사는 재임 중 예상보다 많지 않은 서너 건이 있었다.

1985년 5월 11일. 그 날의 행사는 이름하여 '남부 한전인 전진 대회'. '단합', '영호남' 같은 어휘 자체가 싫어서였다.

나의 호남팀 집결지는 천은사. 08시, 대열을 정비한 다음 천은사를 출발, 상선암-종석대-노고단 코스를 잡았다. 목표지점까지 소요 시간은 4시간. 영남팀은 이종훈 부사장이 이끌었다. 아마도 1,000여 명이 참가한 등산 행사는 우리가 처음이요 마지막이었을 것이다. 영남팀은 구례 달궁계곡에 집결, 심원계곡-임걸령샘-노고단 코스를 택하였다.

합류지점은 '노고단 고개', 합류시간은 12:30분. 참가인원이 대규모인 데다 합류 후 단합대회, 여흥행사, 야영까지 해야 하므로 군사작전과 같은 주도한 준비가 필요하였다. 식수, 음식, 야영장비 등의 지원 업무가 보통이 아니었다. 모든 계획은 광주지사 산악반에서 주관하고 지원 업무는 순천지점이 전담하였다.

12:30. 이 부사장이 이끄는 영남팀과 내가 인솔한 호남팀은 예정된 시간에 정확히 노고단 고개에서 합류하였다. 우리 두 사람의 극적 포옹을 신호로 1,000여 명 한전형제들의 함성이 터져나왔다.

"만세", "한국전력만세!" 만세가 끝나기 무섭게 두 팀으로 갈라섰던 영호남 형제들이 일제히 달려가 서로를 껴안았다. 감격의 순간이다. 그때는 하나였다. 너와 내가 없었다. 오직 친형제 이상의 끈끈한 동지애, 형제애로 하나가 되는 순간이었다. 나는 가슴이 뭉클하였다.

갈등은 소통으로 푼다고 하였다. 소통의 방법은 수백 가지이다.

6. 정보부에서 돈 얼마 받았나?

'84년 12월, 얼마 전 고리 원자력본부장을 마치고 올라온 민경식 관리본부장과 함께 일본 큐슈전력[九州電力]을 방문하였다. 민경식. 한전 원자력 직군의 Starting Member요, 인품과 실력을 겸비한 서울공대 수재. 비길 데 없이 뛰어난 브리핑(Briefing)의 달인이다.

큐슈전력과 우리와는 양사 간 기술협약을 맺고 있어 사장은 물론 임원, 직원에 이르기까지 많은 교류가 있었다. 심지어 친선야구시합도 교대로 양국을 방문하며 개최하던 때였다.

원자력에 대한 관심이 많을 때라 큐슈전력 사장이 마련해 준 온천 관광도 사양하고, 가까운 원자력발전소 안내를 부탁하였다. 안내 받은 곳이 마침 건설 중인 겐카이[玄海]-2 발전소였다.

발전소 정문 가까이 갔을 때였다, 난데없는 데모대가 가로막는다. 근처 주민으로 보이는 나이 많은 이들과 부인들의 농성대였다. 인원은 많지 않은 30명 내외. 일본의 시골에서 데모군중을 만난 게 의아스럽고 신기하기까지 하였다. 동행 중인 큐슈전력 전무에게 웬일이냐고 물었다. 발전소 건설을 반대하는 운동이라는 것이다.

'아차-'하는 생각과 함께 내심 놀랐다. 원래 얌전한 일본사람들이다. 그것도 시골 사람들이 원자력발전소 건설을 반대한다면 우리도 머지않아 같은 일이 벌어질 게 아닌가. 그때만 해도 다행히 우리는 반핵과는 거리가 먼 평화로운 동네였다.

수행한 민 본부장에게 귀국하면 바로 대책을 세우도록 지시하였다.

우선 첫 단계로 고문변호사인 이병용 씨를 단장으로 하여 조사팀을 불란서로 보냈다. 이병용 씨는 대한변호사협회장을 역임한 저명한 율사. 거물급으로 편성한 이유는 법적, 행정적 대책까지를 포함하여 제대로 된 방책을 마련하기 위했던 것.

불란서는 그때 이미 원전 의존도가 56%였고, 많은 원자력 발전소를 짓고 있었다. 그런데도 개성이 강하기로 세계 둘째가라면 서러워할 불란서 국민이 원전을 반대하지 않는 게 이상하였다. 일본의 시골 사람들도 데모를 하는데! 필경 그만한 사유가 있을 게 아닌가.

조사단의 보고는 철저한 홍보가 그 핵심이었다. 정부가 앞장서서 홍보하고 보상해 주고, 법적 뒷받침을 하고 있다는 것.

조사단의 자료와 전문가들의 자문을 거쳐 종합대책을 세웠다. 이를 완성한 사람이 당시 관리를 담당했던 김윤집 처장이다.

김윤집. 대전고, 서울법대를 거친 대전의 수재. 한전 최고의 행정가. 원전 홍보 종합대책을 발표한 것이 이례적으로 주왕산 산상회의 때로 기억된다.

대책의 핵심은 전 국민을 대상으로 홍보활동을 계속한다는 것. 그 중에서도 역점을 두는 대상은 대학생이었다.

홍보 전략은 '백문이불여일견(百聞而不如一見)', '원자력 실태를 직접 보고 체험케 한다.'는 방침아래 홍보대상을 원자력발전소로 초치, 견학하게 한다는 것. 대국민 홍보는 전국의 지사가 중심이 되어 일차적으로 지역 유지들을 원자력발전소로 안내하고, 학생들은 본사가 주관하도록 하였다. 대학생 홍보는 신경을 쓸 일이 많았기 때문이다. 따라서 이 사업은 본사 기획실이 직접 관장케 하였다. 능력 있는 윤희우 전무에게 맡기고 싶어서였다. 서울상대 출신의 기획 분야의 달인.

대상 대학생은 선발 때부터 신경을 썼다. 가능하면 운동권 학생들을 많이 포함케 하였다. 반대 의견도 더러 있었다. 언젠가는 부딪쳐야 할 일. 뒤로 뺀다고 모면 못할 바엔, 정면승부가 정답.

견학은 2단계로 나누어 1단계는 발전소 견학, 2단계는 토론회.

학생들을 먼저 고리 발전소에 초청, 발전소 내부를 샅샅이 보게 하고, 원자력의 기본원리와 원전의 장점은 물론 단점까지도 모두 설명하였다. 마지막엔 출입이 금지된 격납고 안에까지 방호복을 입고 들어가게 하였다. 이것이 1단계. 2단계는 경주 코오롱 호텔로 이동, 저녁을 먹으면서 토론회를 개최하는 것.

현장에서도 수많은 질문이 있었지만 토론회 때는 가관이었다. 1차 대학생 견학단과의 토론으로 기억된다. 첫 질문이 "한전은 정보부로부터 얼마를 받고 이 사업을 합니까?"였다. 그리고 그와 유사한 삐딱한 질문들이 줄을 이었다. 그러나 그런 일 처리는 머리 좋은 윤희우의 전문(專門)이다.

이 토론의 목적이 바로 이런 의문, 특히 운동권의 공격성을 유발해서 트집이나 빌미를 남기지 않겠다는 게 우리의 전략. 험한 질문일수록 우리는 환영하였다. 토론이 삐딱할수록, 토론 내용이 가열할수록 한전이 유리했다. 진실보다 강한 것은 없기 때문이다. 토론에서 우위를 점한만큼 학생들의 의문은 해소되었다. 뿐만 아니라 대다수가 원자력의 신봉자가 되었다. 대학생 견학단이 횟수를 거듭할수록 분위기는 좋아졌다. 호텔에서 저녁대접 잘 받고 한전의 직속 대학 선배들과 맥주까지 한잔씩하고 나면 그들은 모두가 한전 팬이 되었다.

'80년대 중반은 학생 데모가 하루도 건넌 날이 없었다. 서울의 도심은 최루탄 가스로 호흡이 곤란할 정도로 데모가 성행할 때다. 소문은 빠르다. 한전의 좋은 소문이 빠르게 퍼져 나갔다. 그럴 수밖에 없는 것이 우리는 가감 없이 진실을 밝히고, 정성을 다해 국가 에너지 문제의 중요성을 호소하고, 가슴을 열어 보였다.

진실은 통한다. 더구나 학생들에 있어서랴! 그 많은 데모를 하면서도 대학생들은 반원전(反原電) 구호를 단 한 번도 내세운 적이 없다. 반핵도 없었다. 학생들은 배우는 사람들이라 이해도 빠르다. 꼬이지 않았기 때문에 진실이 통한 것이다.

홍보를 시작한 지 한 1년쯤 지났을까, 대학총장협의회에서 점심을 먹잖다. 총장님들이 점심을? 뜬금없는 초대라 알아보았더니 감사패를 준다는 것이다. 감사패는 웬 감사패? 대학생들의 데모 성격이 변했다는 것. 마구잡이 데모에서 가리는 데모로 변했다는 것이다. 이성이 통하는 행동으로 변해 간다는 것이다. 한전이 너무 고맙다는 것이다. 융숭한 대접도 받고, 감사패도 잘 받았다.

사회 갈등이나 불평불만도 진실을 앞세워 다가가면 같은 효과를 가져올 수 있다고 나는 믿는다.

문제는 열정과 용기이다. 꽁무니를 빼면 되는 게 없다. 정면으로 승부를 걸어야 문제는 해결된다. 소통이 얼마나 중요하다는 것을 새삼 느낀다.

제2장

전 사원 1계급 특진

군사용어에 '공격기세(攻擊氣勢)'란 게 있다. 공격부대가 어느 목표를 점령하기 위해 공격을 시작했을 때, 목표를 탈취할 때까지의 공격지속 능력을 말한다. 탄약이나 병력이 부족하고 연료가 떨어지면 공격기세가 꺾인다. 공격이 실패하는 것은 말할 것도 없다.

이처럼 기세(氣勢)는 일을 성공시키는 데 중요한 고려 요소다. 다 아는 일이지만 세상엔 좋은 일의 시작은 많다. 그런데 좋은 끝맺음은 많지 않다. 모두가 '공격기세'를 살리지 못한 탓이다.

그럼, 어떻게 해야 '공격기세'를 살리는가?

사기(士氣)다. 충천(衝天)하는 사기. 큰비가 온 뒤 깊은 골짜기로 내리 쏟는 폭포 같은 기세를 키우고 살리는 것이다.

그럼, 사기는 어떻게 올리는가?

신나게 해야 한다. 마음이 통해야 한다.

신나고 통하려면? 베풀고 소통해야 한다. 마음도 주고, 훈장도 주고, 진급도 시키고, 다독거려야 한다.

부임해서 얼마 안 되어 알게 된 일이지만, 직원들의 가장 큰 불만이 정체된 승진 문제였다.

'70년대 초반까지, 신입사원 채용 수는 해마다 500명 내외였던 것이 '76년 이후 4년 동안 신규 채용 인원을 매년 1,500명 내지 2,000명으로 늘렸다. 급성장하는 전력 사업에 대비해 중간간부를 대량 확보한다는 대책이었다. 그러나 평소인원의 3, 4배를 갑작스럽게 증원했으니 계급구조의 불균형은 물론 진급관리에도 심각한 병목 현상을 가져온 것이다.

특히 계장과 과장은 다른 기업에 진출한 대학동기들에 비해 4, 5년 이상 뒤지게 되었다. 다른 회사로 간 친구들은 최소 부장, 이사급 대우를 받는데 과장도 못 되고 계장으로 있다는 게 자존심이 이만저만 상하는 게 아니었다.

누구나 아는 일이지만 공직자는 물론 모든 봉급자들은 진급에 사활을 건다. 더구나 인간관계(人間關係)란 상대적인 것. 동창회 같은 데서 학생 때 별 볼일 없던 친구가 부장이나 이사 명함을 내밀 때 받는 모멸감, 창피한 아내가 돌아가자고 소매를 끌었을 때 느꼈던 자괴감(自愧感)은 정말 견디기 힘들었을 것이다.

실정을 알게 된 나도 가슴이 저렸다. '오냐, 이 문제는 내가 해결해 주마.' 내 진심이었다.

관리본부장을 불러 빠른 시일 내에 해결책을 내놓으라고 주문했다. 그리고 나름대로 검토를 해 보았다. 아차! 이건 답이 없는 문제가 아닌가. 여러 날이 지났는데도 본부장은 소식이 없다.

담당 전무인들 답이 있을 리 없는 것. 정상인원의 4, 5배를 뽑아 놓고, 진급은 정상적으로 시키라는 게 말이 안 되기 때문이다.

여러 날이 또 지나서야 가져온 대책이라는 게 길고 복잡하였다.

그런데 답은 없었다. 되지도 않을 해결책을 주문(注文)했으니 시원찮은 답이 나올 것은 정 이치. 즉, 조직을 확장(擴張)하고, 직제(職制)를 개편해서 자리를 대폭 늘린다는 것이었다. 말도 안 되는 소리. 그것은 불가능하고, 또 해서도 안 되는 일이었다. 전형적인 위인설관(爲人設官)이다.

사실은 한전에 부임하면서 첫 조치로 생각했던 게 조직과 인원을 대폭 줄이겠다는 것이었는데, 외려 늘리겠다니.

3년 전 한국중공업에 부임해서 단행한 첫 조치도 임원을 반으로 줄였던 것. 세상이 다 아는 공기업의 만성지병이 비만증(肥滿症) 아닌가.

한전의 기구 축소나 감원을 안 했던 것은 나름으로 생각이 있어서 그랬던 것. 오히려 조직을 늘리라니! 근본적으로 내 방침에도 위배되는 해답이었다.

그러나 상처 받고 있을 수많은 직원들을 생각할 때 마음이 아팠다. 그렇다고 방법이 없는데 어떻게 하랴! 단념을 해? 억지를 부려? 그래도 안 되는 일은 안 되는 것.

궁지에 몰렸다. 부아가 났다. 며칠 동안 고민했다. 자다가도 생각하고 걷다가도 생각했다.

문득 드러커의 명언이 생각났다. "결정을 미루는 것도 훌륭한 결정의 하나다." 나도 미루어 봐? 선뜻 받아들여지지 않는다. 그러나 지금은 그 수밖에 없지 않은가.

그런데, 엉뚱한 생각이 머리를 스쳤다. 드러커는 어떻게 그런 기발한 생각을 할 수 있었던가? 불현듯 수학의 위대한 발견의 하나인 '0'이 떠오른다. '0'에서 얻은 영감(靈感)이 아닐까?

양(+)도 음(-)도 아니면서 당당히 중정(中正) 자리를 차지하는 실수(實數), '0'. 부정(否定)도 긍정(肯定)도 아닌 중립적 가치. '가(可)'타 '부(否)'타 정하지 않고 미루는 것도 한 수가 아닌가 -. 이런 연상(聯想)에서 그런 기발한 생각을 해낸 게 아닐까?

그런데, 불현듯 묘수가 내 머리를 스쳤다. '1'은 1이다. '5/5'도 1이다. '100/100'도 1이다. 그렇다면 전 직원을 특진시킨다? 100/100이나 1/1은 어디까지나 같은 값 '1'. 명칭만 바꾸니 본질인 '1'은 변할 리 없고, 본질이 안 변하니 조직이나 직급균형이 깨질 리도 없지 않은가? 다 같이 올라가니 배 아파 할 사람도 없을 터.

'옳거니!'

관리본부장을 다시 불렀다.

"(1) 계장은 과장, 과장은 부장, 부장은 처장으로 명칭을 바꾼다.

(2) 조직개편이나 직급조정은 없다.

(3) 임금도 내년 승급 때까지 현행 수준을 유지한다. 대 정부(政府) 양해는 내가 맡겠다."

본부장과 배석한 인사부장은 어리둥절해서 서로 쳐다보고만 있다.

"그대로 해 봐요. 책임은 내가 질 테니까."

며칠 후 전국의 지점, 지사로 전 직원 특진 명(命)이 하달되었다. 인사부에서 실무작업을 하는 동안 비밀이 좀 새긴 했지만, 통보를 받은 전국의 사업소에서는 난리가 났다. 2만여 명이 넘는 사람들이 동시에 승진한 희유(稀有)의 경사(慶事)에 전국의 환호성이 서울까지 들리는 것만 같았다. 옛말에 한양의 종이 값이 치솟았다는 고사도 있긴 하지만, 허풍이 쎈 모 전무는 "사장님, 전국의 인쇄소 종이가 다 떨어졌답니다."란 보고까지 하였다. 명함 주문이 폭주해서 종이가 동이 났다는 얘기다.

일계급 특진은 가히 메가톤급 수소폭탄이었다. 회사가 광희(狂喜)로 폭발할 것 만 같았다. 전국적으로 종이만 떨어진 게 아니라 술도 떨어졌으리라.

후일담이지만 어느 지사를 방문했을 때였다. 부장 하나가 찾아와 하는 말이,

"사장님, 감사합니다. 은혜를 어떻게 갚아야 할지 모르겠습니다." 서두부터 듣기가 거북하여,

"여보, 사장한테 그런 어법이 어디 있소? 더구나 회사 내에서." 반농으로 응했다.

그러나 그는 정색을 하고 하는 말이,

"사실은 과년한 딸을 두었는데, 이번 제 승진으로 막혔던 혼사가 몇 년 만에 성사가 되었습니다." 가슴이 찡하였다.

그 후에도 신나는 얘기, 통쾌한 얘기, 코미디 같은 얘기들이 수없이 난무하였다. 몇 달 동안 회사는 열병을 앓는 것만 같았다.

그 해 '캐치프레이즈'가 '신나는 직장, 살맛나는 한전!'이었던가?

제3장

비서실장 임창건

보스가 되면 지지기반(支持基盤)이 있어야 좋다. 고향, 학교, 가신(家臣) 같은, 궂은일도 함께 할 수 있는 그런 서클이다. 박근혜 대통령이 어려운 것도 '동교동', '상도동'이 없기 때문이다.

한전에 내 기반이 있을 리 없다. 부임 초기, 가장 답답했던 게 내 눈과 귀 역할을 할 '네트워크'가 없다는 것이었다.

전국적으로 흩어져 있는 지점, 지사, 본부 등 400여 사업장에 내 뜻은 잘 전달되고 있는지, 말단의 실정이 내가 받는 보고와 일치하고 있는지?

궁여지책으로 생각한 게 20여 명의 육사 출신 직원을 활용하는 일이었다. 가끔 그들을 모아 말단 조직의 실태를 청취하였다. 그런데 후배들의 보고라는 게 별 도움이 안 되었다. 모두가 잘한다는 얘기, 듣기 좋은 말뿐이었다. 내 비위를 맞출 게 아니라 보다 정확한 실태를 나는 알고 싶다고 주문했다. 그러나 몇 번의 모임에도 신통한 얘기가 없었다. 답답하였다.

그런데 어느 날인가 한 구석에 앉았던 후배 하나가 손을 들었다. 한 번도 발언을 하지 않던 24기 임창건 과장이었다.

"그래, 좋은 얘기라도 있는가?"

"지난번 지시는 아주 잘못된 것입니다." 서두도 없는 퉁명스런 발언이었다.

"어째서?"

"실정에 안 맞기 때문입니다." 주위의 시선이 일제히 그 쪽으로 쏠렸다. 앞에 앉은 15기와 17기는 금세 못마땅한 표정을 지었다.

"실정에 안 맞다니?" 내가 되물었다. 순간적으로 내 기분도 좀 언짢아졌다.

그의 설명은 짧았지만 일리가 있었다. 이치(理致)가 통하는 만큼 내 기분도 상했다. '생전에 말이 없던 새까만 후배가 어따 대고….'하는 생각부터 들었다. 참, 사람이란 고약한 동물이다. 바른말 듣자고 모아 놓곤 막상 옳은 말은 듣기가 싫다니.

모임을 마치고 집으로 오는 차 안에서야 기분이 좀 풀리는 듯했다. 임 과장의 말이 옳다는 게 침대에 누워서야 수긍(首肯)이 됐다.

그 다음부터는 임 과장만 불렀다. 번거로운 모임이 필요가 없어진 것이다. 그의 보고는 정확했다. 듣기 좋은 말보다 듣기 싫은 보고가 더 많았다. 이 친구야말로 비서실장감이구나.

하루는 임 과장이 심각한 얼굴로 내 방에 들어섰다.

'또 언짢은 보고를 할 모양이구나.' 원탁으로 자리를 옮겼다. 내 집무실엔 흔히 있는 안락의자가 없다.

"왜? 또 좋은 일이 있는 모양이지?"

그의 거슬리는 보고에 익숙해진 터라 농담으로 그를 맞았다. 그는 바로 얘기를 꺼내지 않는다. 다른 때와 달리 뜸을 들인다. 임 과장답지 않은 태도에 다소 긴장이 되었다.

"뭐야, 얼른 얘기해 봐!"

"실은 저의 신상과 관련된 말씀이라서….."

"…?"

'임 과장답지 않게 사무실에서 신상 문제를 들고 나오다니….'

"그래, 무언데?"

"제가 맡고 있는 일이 무엇인지 아십니까?"

'무슨 뚱딴지 같은 소리. 3,000명도 넘는 과장들의 업무를 사장이 어떻게 안담….'

"무슨 소리야, 뜸들이지 말고 어서 얘기해."

그의 말은 내 입을 다물지 못하게 했다.

'7년째 자기가 맡고 있는 불공정계약이 하나 있는데, 그때문에 회사는 해마다 큰 손해를 보고 있다는 것. 그런데 회사는 몇 년째

적극적인 해결책을 강구하지 않은 채 차일피일하고 있다는 것. 뿐만 아니라 이 일을 모두가 꺼려, 누군가가 붙들고 있지 않으면 문제는 사장되어 영영 해결을 못 볼 수도 있다는 것.'

나는 내 귀를 의심하였다. 아니, 대명천지에 그런 터무니없는 일이 벌어지고 있다니!

"뭐라고? 어찌 그런 일이…."
놀랍기도 하려니와 도무지 이해가 안 간다.

"어디, 차근차근 얘기해 봐."

임 과장의 진술은 도저히 믿기지 않는 사실이었다. 1969년, 그러니까 14, 5년 전에 경인에너지와 체결한 계약이 잘못되어 회사는 매년 100억 이상의 손해를 보고 있다는 것.

"그럼 내가 오기 전 10여 년 동안 그런 손실을 방치해 왔단 말이지?"
"예."
"전임 사장들도 다 알고?"
"예."
"금년에도 100억 적자가 난단 말이지?"
"예"

"이 사람아, '예, 예'라니, 그걸 답이라고 해?"

나도 모르게 분통이 터졌다. 엉뚱한 임 과장에게 화풀이를 한다.

그가 설명하는 일의 전모는 나를 더욱 놀라게 한다.

경인에너지는 미국의 유니언오일과 한국화약이 50%씩 출자하여 설립한 회사. 당시 정보부장의 특별한 지원으로 불평등계약이 체결되었고, 계약 당사자인 정래혁 사장은 계약 체결 후 사장실로 돌아와 조니워커를 병째 마셨다는 일화까지…. 꼭 막장 드라마 같은 얘기를 한다.

임 과장의 얘기가 끝날 무렵에야 나는 냉정을 되찾는다.

지금 임 과장이 하고 있는 일과 앞으로 대책은 어떻게 해야 할 것인지를 당장 정리해서 보고토록 하였다.

대책은 재계약 외는 달리 방법이 없었다. 문제는 경인에너지가 응하지 않는다는 것. 상법에 따라 쌍방이 동의해서 체결한 멀쩡한 계약을 상대가 포기할 리가 없다는 것.

'어허, 일은 고약하게 되었구나. 말이 안 통한다는 얘긴데, 그럼 억지를 부려야만 한다는 말이 아닌가?'

바로 임원급으로 협상을 벌였다. 협상이 순조로울 리가 없다. 속된 말로 '배 째라!'다. 메스를 들어? 하수(下手)다. 그렇게는 하고 싶지 않았다. 내가 정당한데 몽둥이까지 들 필요가 없지 않은가. 어떻게 해서든 사리가 통하는 협상으로 매듭짓고 싶었다.

협상은 날이 갈수록 난조를 이루면서 싸움만 키웠다.

모든 협상, 크게는 인간관계의 갈등은 대개 필요 이상 에스컬레이트되어 파국을 가져오거나 쌍방이 다 같이 손해를 본다. 어느 한쪽이 고집만 내 세우고, 사리를 외면하기 때문이다. 냉정한 눈으로 보면 참 어리석을 때가 많다. 그러나 그게 인간의 한계다.
이 협상도 예외는 아니었다.

이번 일도 임계점(臨界點)에 도달해 마침내 폭발하였다. 상대의 이성을 끌어내지 못한 것은 내 컨트롤에도 문제가 있었는지 모르겠다. 그러나 결국은 쓰고 싶지 않은 '힘'을 쓸 단계에 오고 말았다. 유감이다.
폭력은 일종의 군사행동이다. 짧고 결정적이어야 한다. 한방을 노려야 한다. 사실은 한방이 쌍방의 피해를 줄인다. 히로시마 원자폭탄처럼.
한전의 최 강수는 무어냐고 물었다. 발전기를 못 돌리게 원유 파이프를 잠그는 것이란다.
당장에 파이프의 밸브를 잠그라고 했다. 간부들이 나를 쳐다본다. 내키지 않는 것이다. 지나친 강수라고 보는 것이다. '퇴로는 열어 주라'는 병법(兵法)에도 어긋난다고 생각들 하는 모양이다. 그렇지 않다. 퇴로를 열어주는 것은 내게 상처가 날까 봐서다. 그렇지 않을 때는 망설이는 게 아니다.

"내일 당장에 송유관을 잠그시오." 엄하게 일렀다.

다음 날 일찍, 출근도 전에 한화 회장실에서 연락이 왔단다. 무조건 만나자는 것이다. 이제야 난리가 난 모양이구나. 왜 여기까지 와야 하나 씁쓸하였다. 내 사무실로 오게 하는 것은 실례다. 마포의 조그만 한식집으로 초치했다.

김승연 회장. 젊다. 쾌남형이다. 씩씩하다. 말하는 게 마음에 들었다. 시원하다. 내 뜻대로 하잖다. 조건도 없단다. 내게도 조건이 있을 리 없다. 나는 일이 되게 하자는 것. 어느 쪽이든 손해보는 일은 말자는 것. 윈-윈 하자는 것이다. 말이 통한다.

세평은 좀 다를 진 몰라도 나는 그를 좋게 본다.

얘기를 나누면서 느낀 일이지만, 부하들한테 너무 무서운 게 그의 흠으로 보였다. 그는 문제의 핵심을 잘 모르는 것 같았다. 부하들이 정확하게 보고를 안 한 게 틀림없다. 무서우니까. 필경, 참모들이 급한 매만 피하려다가 사태를 여기까지 끌고 온 것이다.

문제를 정확하게 보고하고 지침을 받으면 대개 파국까지는 안 간다.

우선 윗사람의 노여움을 모면하려고 숨기다가 사달이 나는 것이다. 회장이 되면 보는 관점이 다르다. 부하들과는 다르다. 전후 사정이 정확히 전달되면 회장은 사리에 맞게 결정하게 되어 있다.

십여 년 전에 쓴 《리더십》에서 대관(大寬)이란 말을 쓴 적이 있다. 사전에는 없다. 만들어 본 말이다. '큰 너그러움'이란 뜻이다.

흔히 윗사람들은 아랫사람들이 바른말하기를 바라지만, 현실적으로는 성립이 안 되는 얘기다. 바른말하면 괘씸죄에 걸리기 십상인데 누가 제 앞길 막으며 바른말하겠는가 말이다.

이것은 아랫사람에게 주문해서 될 일이 아니라, 윗사람 자신이 처신을 잘해야 한다는 것.

윗사람이 되면 누구나 쉽게 와서 할 말을 할 수 있게 하는 너그러움이 리더십의 요체란 뜻이다. 평소 되는 말도 들어 주고, 되도 않는 말도 들어 주어야 부하들이 겁내지 않고 와서 얘기를 하게 되는 것이다.

하루는 갑이라는 머슴이 황희 정승에게 하소연을 한다. 지긋이 듣고 있던 황희, "네 말이 옳다." 하고는 돌아서는데, 을이라는 머슴이 와서 같은 일을 두고 다른 주장을 한다. 자초지종을 다 듣고 난 황희, "자네 말도 맞구먼."이라고 했겠다.

옆에서 두 얘기를 다 듣고 있던 부인이 답답하다 못해, "대감, 갑도 옳고, 을도 맞는다는 경우가 어디 있소?"라고 하자, "임자 말도 맞소이다."라고 한 고사는 곧 황희의 큰마음을 말하는 것. 이런 너그러움 때문에 임금을 셋이나 모셨던 게 아니겠나.

세 분 왕을 모셨다는 황희 정승의 이 유명한 일화는 그저 하는 우스갯소리가 아니다.

일은 원만한 해결을 보았다. 쌍방이 만족하는 선으로.

한전은 20년 가까이 앓던 이를 뽑고.

다만 작은 아쉬움이 남았다. '김승연 회장이 '대관'을 조금만 이해했어도 사태를 여기까지 끌고 오진 않았을 텐데⋯.'하는 점이다.

'85년도 11월의 일이다.

그리고 얼마나 지났을까, 누군가가 와서 하는 말이다. 임 부장(이미 '84년 10월에 단행한 전 직원 1계급 특진으로 부장이 되었음)이 얼마나 일에 집착을 하고 물고 늘어지는지, 그 쪽 회사에서 50평짜리 아파트와 현금 1억으로 유혹했다는 것. 진부(眞否)는 본인의 말이 아니라 확실치는 않지만 능히 그럴 사람이라고 믿었다.

'목에 칼이 들어가도'란 말이 있다. 그 친구는 그런 사람이니까.

'칼(돈)'이 아니라 '말(참)'이라야 통하는 사람이 아직은 있다.

다음 날 조재강 인사처장을 불렀다. 육사 17기. 동기생 간에도 신망이 높은 후배다.

빠른 시일 내에 임창건 부장을 부처장으로 승진시키라고 지시했다. 1계급 특진이다. 특진으로 임 부처장은 그 자리에 더 있을 수 없게 되었다. 일단 인천지사 부지사장으로 발령을 냈다.

며칠 후 조 처장을 다시 불렀다.

"임 부처장을 비서실장으로 썼으면 좋겠는데….""
"사장님, 그 인사는 안 됩니다."
"뭐라, 안 된다고?"
"비서실장은 1직급으로 보임하게 되어 있습니다."
"그런 게 어디 있어!" 짜증이 났다.
"사규에 명시되어 있습니다."

그 복잡한 사규(社規) 중 비서실장의 직급까지 알고 있다. 담당
자는 다르다고 생각했다.

"사규를 가져와!" 1직급으로 보임(補任)하도록 사규는 명시하
고 있었다.
잠시 생각에 잠겼다. 이 인사는 꼭 하고 싶었다. 한동안 침묵이
흘렀다.

"사규를 고쳐서라도 임 부장을 보임하시오!" 단호하게 명했다.

조 처장은 나를 쳐다봤다. 어이없다는 표정이었다. 내 얼굴이
굳어 있었을 것이다. 그는 말없이 내 방을 나갔다.
며칠이 지났다. 실장 인사처리 건을 가지고 왔다. 사규를 '1 또
는 2직급으로 보임한다'로 고치면서 2직급 임부처장을 비서실장

으로 보임한다는 것. 많이 고민한 흔적이 보였다.

이렇게 해서 명 비서실장이 탄생하였다.

임창건 실장은 육사를 수석으로 졸업, '68년 울진 · 강릉 대규모 공비 침입 소탕작전 때 지뢰를 밟고 중상을 입어 1급 보훈대상으로 입사한 직원이다. 하마터면 좋은 인재를 잃을 뻔한 사건이었다.

사장 재임 중 그는 한 번도 나를 실망시킨 적이 없었다. 늘 나와는 다른 각도에서 일을 조명해 보고, 반대할 일은 서슴지 않고 반대하였다. 그가 항상 옳은 것은 아니었지만, 그의 비판적 시각이 나의 결점을 보완했고, 실수를 미리 막았다.

생각해 보면 고마워 할 일이 한둘이 아니다. 임 실장은 말할 것도 없고 당시 비서실 멤버들은 모두가 일류였다. 정동락, 이도식, 이길구 등, 일일이 매거할 수 없는 우수한 인재들이 포진하고 있었다.

지금도 한전에 남아 있는 친구들 중, 손태경 - ROTC 출신으로 한중 때 김문경 과장과 같은 공채 1기. 불어의 일인자. 파리 주재원을 거쳐 한수원 감사실장으로 시끄러웠던 사건을 잘 매듭짓고 지금은 구매사업단장. 허경구 - 조지 워싱턴대 MBA, 뉴욕사무소를 거쳐 지금은 한전 해외사업본부장. 하희봉 - '85년 공채 때 수석으로 입사. 비서실요원으로 오라는 사장의 명령도 거절한 배짱 있는 사나이. 거절 사유가 기특하여 특별히 '용서'를 했다.

진짜 한전맨이 되려면 지방 근무부터 해야 한다나? 모두들 서울에 남으려고 애를 쓰는 판인데 굳이 첫 부임지로 지방 사업소를 찾아 간 괴짜. 본인 소원대로 가장 오지인 산청 지점 등을 거쳐 진주지사장, 지금은 자재처장. 모두가 사장감들이다.

수행비서를 맡았던 조인국 과장도 뛰어난 인물이었다. '그림자처럼 따른다'는 좋은 뜻의 말이 있지만, 그림자는 말 그대로 흔적을 남긴다. 때로는 그게 방해가 될 때도 있다. 있는지 없는지, 그러면서도 빈틈없이 보필하는 게 잘하는 비서다. 조 과장은 젊은 나이에도 그걸 알았다. 훗날 한전 부사장, 지금은 서부발전 사장이다.

지금도 임 실장이나 조 과장의 사람됨을 높이 보는 이유는 퇴임 후에도 힘 있을 때나 힘 빠졌을 때나 한결같이 많은 시간을 할애해 가며 내 뒤를 돌보아 주는 그들의 변함없는 의리(義理) 때문이다.

제4장

한일병원

1. 신병현 부총리

지금은 없어진 서소문동의 한일병원(韓一病院)은 1954년에 개원한 유서 깊은 병원이다. 1988년 5월, 쌍문동으로 옮길 때까지는 유일한 한전 부속병원으로서 직원들의 보건, 신병 치료에 큰 공헌을 했고, 특히 전기사고(電氣事故)를 입은 우리 직원들을 위해서는 없어서는 안 될 소중한 병원이었다.

그런데 그 무렵 공기업 정상화를 위해 불요불급한 부대시설이나 자회사를 처분하라는 게 정부의 방침이었다. 따라서 내가 오기 전에 한일병원도 조만간 매각하게 되어 있었다.

부임해서 보니 모든 직원들이 병원 존속을 원하고 있었다. 병원 이용이 편할 뿐 아니라 치료비나 입원비가 합리적이었기 때문

이다. 내가 생각해도 직원 복지(福祉)를 위해 존속이 필요하다고
느꼈다.

　먼저 동자부장관과 상의를 했다. 이미 정부 방침으로 결정된
사항이라 자기는 어쩔 수 없다고 하였다. 경제기획원 장관을 찾
아뵈었다. 간단히 "No."였다. 한마디로 '공연한 수고 하지 말고
일찌감치 단념하시오'다.

　신병현(申秉鉉) 경제기획원 장관, 한은 총재와 상공부장관을
거친 분으로 70을 바라보는 인자한 분이었다. 얘기가 통할 것 같
았다.

　"부총리님, 문제는 적자(赤子)를 내는 부대시설을 매각하라는
게 아닙니까?"
　"그렇지."
　"흑자를 내면 될 게 아닙니까?"
　"글쎄, 그게 안 되니까 그러는 거지."
　"흑자인지 적자인지는 해보아야 알 게 아닙니까?"
　"박 사장이 오기 훨씬 전에 이미 결론이 난 건데 이제 와서 딴
청인가?" 짜증이 섞였다.
　"그래서 말씀 드리는 건데, 그 결론이 잘못되었다는 것입니다."
　"뭐라고? 박 사장은 병원 경영에 대해 뭘 알고 하는 말인가?"
'이런 답답한 친구가 있나'하는 투였다.
　'병원 경영은 호텔경영보다 더 어렵다는 것. 병원이 흑자를 내

자면 병상 수가 최소 250은 넘어야 하는데 한일병원의 경우 턱없이 부족한 150 밖에 안 된다'는 등 몰라도 될 우리 병원 사정까지 훤히 알고 있었다.

이쯤 되면 물러나는 게 도리다. 그러나 나도 사정이 있었다. 사실은 직원들에게 지키겠다고 언질을 주었던 것이다. 뿐만 아니라 한일병원이 우리에겐 필요하다고 생각했다. 문제는 내가 정부의 이런 강경(强硬)한 입장을 모르고 성급히 처신한 점이다.

"제가 흑자를 내면 될 게 아닙니까?" 불쑥 나온 말이다.
부총리는 답답하다는 듯 나를 쳐다봤다.

"병원경영은 몰라도 일반경영은 알만 한 사람이 어떻게 그런 말을 하는가?" 가벼운 모멸감을 느꼈다.

"제가 흑자를 내겠습니다." 내친김에 큰소리를 쳤다. 부총리는 말을 잃고 쳐다만 볼 뿐이었다.

"알았네. 오늘은 그만하세. 분명히 말해 두지만 이건 안 되는 일이야." 자리에서 일어선다.

더는 상대하지 않겠다는 뜻이다. 얘기가 먹히지 않는다. 옹벽이다. 그럴 수밖에 없는 것이 비슷한 사정에 있던 경찰병원은 매각이 진행 중이었다. 소문에 의하면 경찰 쪽도 어지간히 버티다

손을 들었다는 것이다. 그러니 한전이라고 사정을 봐 줄 수도 없는 것. 정부는 병원 매각엔 이미 이력이 난 셈이다. 그것도 모르고 나선 게 경솔했다.

그렇다고 물러서? 그건 안 되지. 내 고집이 경우 없는 일로 비칠지 모르나 회사를 위하는 일인데, 잘 해보겠다는 것인데-, 갈 데까진 가겠다고 작정했다. 또 내가 물러설 수 없다고 생각한 게 한일병원은 경찰병원과는 사정이 다르다는 것을 알고서였다.

한일병원은 전기상해(電氣傷害)라는, 일반 사고에서는 볼 수 없는 특이 상처를 치료하는 전문병원이다. 심하게 말해 경찰병원은 팔아도 되지만 한일병원은 사정이 다른 것이다.

부딪치기로 했다. 쉽게 될 일은 아니란 걸 이제는 알았기 때문이다. 브리핑 차트를 만들었다. 그때는 파워포인트가 없던 시대다.

면회 신청을 여러 번 거절당했다. 어렵게 다시 부총리를 찾아뵈었다. 나도 전의(戰意)가 불탔다.

"또 그 문젠가?" 나는 입을 닫은 채 차트를 펼쳤다.
"차트까지? 공연한 힘 빼지 말고 차나 한잔하고 가게."

침묵을 지킨 채 설명할 준비를 마쳤다. 내 단호한 태도에 부총리도 단념한 듯,

"그래, 준비한 것이니 해보게."

**'한일병원 정상화,
자리를 걸겠습니다.'**
두 줄만 썼다.

왜 팔아서는 안 되는지, 왜 한일병원이 필요한지, 구차한 설명
은 다 뺐다. 부총리는 어처구니가 없는 듯 나를 물끄러미 쳐다본
다. 나는 일절 말을 아꼈다. 이건 기백(氣魄)으로 할 일이지 말로
되는 일이 아니다.

한동안 침묵이 흘렀다.

"석 달 후에 다시 보세."
마음이 통한 것이다. 남자들 사이의 이런 교감(交感)을 '멋'이
라고 하던가?

신병현 경제부총리, 황해도 분으로 1921년 생. 미 컬럼비아대
박사. 두 번의 경제기획원 장관을 역임. 5공 시절 군부의 압력에
도 방위비(防衛費) 삭감을 단행한 소신(所信)과 기개(氣槪)로 별
명이 '곰바위'. 1999년 향년 79세로 세상을 떠나셨다. 내가 마음
으로 존경하던 한 분이다.

'정부 방침이다. 안 된다.'로 못 박을 수도 있었다. 그런데 석 달

후에 결정한다는 뜻이다. 그러나 준엄한 메시지기도 했다. '그래? 네 각오가 그렇다면 석 달은 지켜보마.' 얼마나 현명한 분인가?

이젠 내가 큰일 났다. 공은 내게 넘어 왔고 나는 자리를 걸었다. 물론 석 달 안에 병원이 정상화가 될 리는 없다. 석 달 동안 나를 두고 보겠다는 것이다.

2. 노태일 처장

회사로 돌아온 나는 한동안 생각을 정리했다. 부총리가 그렇게 쉽게 나오리라곤 예상치 못했다. 사실 이 문제는 이미 정부 방침으로 끝난 일이었다. 따라서 시작할 때부터 여러 번의 고비를 생각했고, 성사는 기대하기 어렵다고 보았다. 그런데 뜻밖에 대인(大人)을 만나 석 달의 말미를 얻은 것이다.

'오냐, 어디 한번 해 보자.'

즉시 실태 조사에 들어갔다. 예상했던 대로 매너리즘에 빠진 전형적인 주인 없는 경영이었다. 해마다 20여억 원의 적자(赤子)를 모기업인 한전이 채워주고 있었다. '휴양지'가 아니라 그야말로 '양로원'이었다. 그런데도 개선의 의지는 어디서도 찾을 수 없었다. 진즉에 공중분해(空中分解) 시켰어야 할 조직이었다.

병원장실을 찾아갔다. 당시 병원장은 육군 의무감을 지낸 예비역 준장. 경영자한테 질문은 하나면 족하다.

'내가 주인이란 생각이 있는가?'이다. 학식, 관록(貫祿)은 다음 일이다. 병원장 자리를 그냥 '보직'으로 알고 있었다. 많은 샐러리맨들의 병폐다. 오랜 대화가 필요 없었다. 다음 날, 병원장 면담과 동시에 해임 통보를 했다. 인간적으로는 미안했다.

자, 이제 누구를 모셔온다? 병원 쪽에 밝은 여러 인맥(人脈)을 통해 사람을 수소문했다. 의사 원장감이 생각보다 쉽지 않았다. 날은 가고 원장자리는 비었는데, 마땅한 사람이 없었다. 그때만 해도 의사 아닌 병원장은 드물었다.

생각을 바꾸었다. 꼭 의사라야만 하는가? 굳이 밖에서 사람을 구할 필요가 있는가? '주인 노릇' 할 줄 알면 되는 거지. 사람만 똑똑하면 되지.

사내에서 뽑기로 작정했다. 전문성(專門性)은 전문가를 쓰면 되는 것이고. 그런데 문제가 있다. 우선 콧대 높은 의사와 간호사가 따를까? 업계 초유의 비의사(非醫師) 병원장 탄생을 의료계는 어떻게 받아들일까? 그뿐인가? 정부는 나의 다음 조치를 주시하고 있다. 내 자리가 걸린 병원 정상화도 해야 한다. 정말 좋은 사람을 찾아야 한다. 인품, 능력은 물론 풍채(風采)까지 봐야 한다. 환자들도 안심시켜야 하기 때문이다. 까다로운 인사다.

며칠 동안 처장 인명부를 놓고 연구했다. 물 좋고 산 좋은 곳이 흔할 리가 없다. 또 며칠을 고민했다. 마땅한 인물이 두엇 물망에 올랐다. 결국 한 사람을 낙점하였다. 감사실장 노태일 처장. 186의 훤칠한 키, 꼿꼿한 허리, 부처님의 인자한 얼굴에 능력까지 겸비한 사람.

다음 날 노태일 씨를 불렀다. 한일병원 문제는 회사 현안이라 긴 설명은 필요 없었다. 솔직하게 말했다. "당신이 아니면 한일병원을 맡을 사람이 없다."고. 순간 노 실장의 안색이 확 바뀌었다. 한동안 무거운 침묵이 흘렀다.

"사장님, 차라리 사표를 내겠습니다."

나는 할 말을 잊었다. 청천에 벽력이었으리라. 개인적으로는 미안했다. 잘 나가는 간부직원을 엉뚱하게 병원으로 가라니, 대접은 아니었다. 그러나 나름으로는 며칠을 생각한 인사였다. 노 실장만한 적임은 없었다. 무거운 침묵이 계속되었다.

"좋습니다. 내일 다시 만나 얘기합시다." 서로가 거북한 자리다. 뾰족한 묘수도 없는 상황이다. 이때는 서로 피하는 게 상책이다.

다음 날, 나는 노 실장을 찾지 않았다. 스스로 결정하고, 스스로 오게 하기 위함이다. 나도 궁금했지만 본인은 잠을 이룰 수 없었을 것이다.

다음 날이다. "한번 해 보겠습니다." 말은 한 마디로 끝냈지만 얼마나 많은 생각을 했을까? 고마웠다. 남자끼리 소통한 것이다. 그는 역시 기대했던대로의 인물이었다.

유감스럽게도 노태일 씨는 2년 전 타계했다. 마음으로 존경했던 몇 안 되는 우리 직원 중의 한 사람. 생전에 보답해 드리지 못한 게 한스럽다. 명복을 빈다.

다음 날, 병원장 발령을 냈다. 사무장으로는 조창구 부처장을 임명했다. 파격적인 병원장 인사만으로도 대내외에 큰 충격이었다. 병원은 긴장했다. 노 원장의 카리스마에 불도저 조 사무장의 콤비가 병원의 분위기를 확 바꾸었다. 주인이 없던 곳에 주인이 나타났기 때문이다.

한 달 후 병원을 방문했다. 사무장의 일일 보고로 병원의 변화는 익히 알고 있었지만, 직접 내 눈으로 목격하는 병원은 지난 날의 한일병원이 아니었다. 우선 깨끗했다. 나중에 안 일이지만 입구를 개축하고 밝게 한 것이다. 병원 인상이 달라졌다. 〈행동지침〉으로 생동감이 넘쳤다.

석 달이 지났다. 40% 안팎이던 병상 점유율이 100%로 상승하였다. 경영지표가 모든 점에서 상승곡선을 그렸다. 자신이 생겼다. 부총리 면회를 신청하였다.

'금년도 결산 후 올 것.'

부총리는 동자부를 통해 보고를 받고 있었던 것이다. 이제 3개월 말미가 1년의 유예로 바뀐 것이다. 묵인(黙認)한다는 것이다. 한일병원 매각은 사실상 물 건너갔다. 마침내 직원들의 소원이 이루어진 것이다. 5공의 경제정책이 성공한 것은 이런 분들이 있었기 때문일 것이다.

'감사합니다!'

제5장

경영평가 1위

1. 쌍문동 한일병원

'83년 정부는 '정부투자기관 경영평가제'를 공표하고 24개 정부투자기관을 대상으로 1년 동안의 경영실적을 평가하였다. 그 결과 한국전력이 '83년도 최우수 기업으로 선정되었다. 덕분에 공사는 포상금 50억 원에 직원들은 연말 보너스로 600%를 따로 받게 되었다. '84년 6월의 일이었다. 주관 부처는 경제기획원.

지난 1년 동안의 경영평가에서 유일하게 수(秀)를 받은 우리 공사는 축제분위기였으나, 내 마음은 가볍지 않았다. 갚지 못한 빚이 있었기 때문이다. 한일병원은 아직도 숙제다. 작년 말 결산 결과 적자를 예년의 1/3로 줄이긴 했으나, 여전히 적자를 면치 못한 형편이었다. 정부와의 약속을 못 지켰고, 특히 부총리의 인간적 배려(配慮)를 저버린 셈이다.

내 마음을 더 무겁게 한 것은 한일병원의 흑자전환이 사실상 불가능했기 때문이다. 노태일 원장을 중심으로 관리팀은 그야말로 사력을 다했다. 지난 일 년 사실상 휴일도 없이 최선의 최선을 다 했다. 그러나 성과는 고작 1/3이었다. 부총리가 지적한 최소 250 병석은 있어야 하는 것이다.

열정이나 노력이 극복(克服)할 수 없는 '규모의 경영'이란 벽이 있었다. 그렇다면 내 약속이 영원한 빚으로 남는단 말인가?

내가 정말 답답하게 되었다. 문득, 부총리가 1년 전 "석 달 후에 보세."하며 일어설 때 언뜻 보인 인자한 부성(父性)이 생각났다. 나도 모르게 끌렸던 그 온후(溫厚)함, 바로 '향기'다.

말씀은 없었지만 그의 표정은 '박 사장, 세상에는 기백(氣魄)만으로 안 되는 일이 있다는 걸 알아두게. 자네의 젊은 열정이 가상하여 오늘 말미는 주지만 1년 후에는 뭔가를 깨우쳐 주기 바라네.' 라는 메시지가 아니었던가. 그분은 안 되는 일이란 걸 알고 있었던 것이다. 그토록 깊은 배려를 이제야 깨닫다니.

흔히 '발상(發想)의 전환(轉換)'이란 말을 많이 한다. 발상의 전환은 판을 쓸어 놓고 하는 법이다. 나는 서소문동 한일병원을 버렸다. '아무리 애써 보아야 규모의 벽은 넘을 수 없다. 결단은 빠를수록 좋다. 적자를 면하려면 새 판을 짜자. 내친 김에 500 병석의 병원을 세운다. 확실한 흑자를 보장하는 길은 그것뿐이다.'

'어디다 세울 것인가? 쌍문동 연수원이다. 3만평이 넘는 대지에 건평이 8,000평이다. 연수원을 개조하면 500병상은 수용하고도 남는다. 남는 대지의 일부는 떼어서 직원들의 숙원사업인 아파트나 지어주자. 재원은 땅값 비싼 서소문 병원을 팔아 충당한다.'

갖은 곡절 끝에 마침내 새로운 쌍문동 한전병원이 탄생하였다. 이것으로 한전인들의 오랜 숙원도 근본적으로 해결되었다. 대지 13,000평에 500의 병상과, 23개 진료과를 갖춘 당시 서울 북부의 유일한 종합병원, 한전병원은 손꼽히는 종합병원으로서 시민보건에도 큰 기여를 하고 있다.

2. 아파트사업

'80년대 초반만 해도 샐러리맨이 아파트를 소유한다는 것은 쉬운 일이 아니었다. 괜찮은 아파트의 평당 분양가는 약 150만원. 3~40평이면 5,000만원은 손에 쥐어야 아파트를 가질 수 있었다. 따라서 직원들의 큰 숙원의 하나가 내집 장만이었다. '옳거니, 한일병원의 이전 덕에 대지문제는 절로 해결되었겠다, 이참에 직원들 아파트나 지어주자.'

관리처장과 노조위원장을 불러 즉시 주택조합부터 설립하도록 지시하였다. 그리고 조합기금으로 10억을 내놓았다. 지난번 경영평가 1위 때 받은 포상금의 일부다.

　건설공사는 바로 시작되었고 2년 후 대지 만 2천평에 21~30평짜리 824세대가 들어섰다. 각종 금융혜택과 함께 분양가는 3,000만 원 정도. 무주택자들에게 우선적으로 나누어 주었다.

　주택사업에는 한전노조의 역할과 공헌이 컸다. 우리 노조를 한때 어용 노조라고 비웃는 사람도 더러 있었다. 그러나 한전노조야말로 노조의 참 모습이며 노조활동의 전범(典範)이었다고 확신한다. 지금도 그렇지만 우선 우리 노조위원장들이 훌륭했다. 장활수, 이종완, 최태일 등 하나같이 회사를 위하고 모범적이었다. 믿기지 않겠지만 노사갈등이란 용어를 우리는 몰랐다. 내가 하는 일이란 노조위원장과 가끔 차를 나누는 것이 전부였고, 지방 순시 때는 노조원들과 막걸리 마시는 게 노사협의였다. 노조가 하는 일은 직원들의 복리다. 사장의 소임도 직원의 복리가 중요 대목이다. 목표가 같은데 다툴 일이 어디 있는가? 하나를 원하면 둘을 주었다. 둘을 원할 때 하나도 못해 준 적도 있다. 그럴 땐 가슴을 터놓고 얘기를 나누었다. 다 알아 듣는다. 문제는 사장의 마음이다. 진심이다. 안 통할 리가 없다. 때때로 체면 때문에 위원장이 무리수를 들고 나온다. 그땐 한발 물러서 주면 되는 것이다. 소위 '맨즈'를 세워 주는 것이다. 적당한 범위 내에서. 훗날 그 이상으로 돌려받는다. 크게는 회사가 덕이다. 그러니까 평소의 소통이 중요한 것이다. 문제는 진심이다. 회사의 발전이다. 진심을 공유하는 데 정말 싸울 일이 어디 있는가.

얘기가 나온 김에 몇 마디 더 하겠다.

지금 우리 경제의 가장 큰 걸림돌의 하나가 노조다. 강성 노조의 횡포는 이루 말할 수 없는 여러 부작용을 낳고 있다. 이대로 가면 우리 경제가 정말 낭패를 볼 수도 있다. 그럼 도대체 어떻게 해야 한단 말인가?

지금은 모두가 강성 노조를 지목하고 지도자들을 지탄하지만 사실은 우리 자신부터 뒤돌아 보아야 한다. 회사의 태동기, 그러니까 기업이 기업다운 형태를 갖추어 갈 무렵, 경영인이나 주인이 보다 순수했으면 이런 사태로까지 발전하지는 않았을 것이다. 태초부터 종업원들의 복지와 입장을 배려한 회사가 과연 얼마나 되었겠느냐 하는 것이다. 좀 심한 얘기가 되겠지만, 솔직히 '갑'의 안중엔 '을'이 없었다. 이윤이 지상의 목적이라 '을'을 쥐어짜서라도 이윤부터 챙겼다. '을'의 눈에 비치는 '갑'의 모습은 어땠을까? '저 사람들은 우리 편이 아니다.'로 처음부터 낙인이 찍혔다. 사람과 사람 사이의 믿음이 없어진 것이다.

'너는 너고 나는 나다. 나도 살고 보자!' 노조가 안 생길 수 없었고, 노조는 적의를 품고 싸울 생각부터 갖게 된 것이다. 생각해 보면 이건 예사로운 일이 아니다. 한 가족이면서 집안일에 딴지를 거는 한 식구가 있다는 게 말이 되는가 말이다.

어려운 얘기지만 사용자는 처음부터 고용인의 복리를 회사 이윤 못지않게 배려했어야 한다는 얘기다. 태초에 대결구도를 피할 방도부터 강구했어야 한다. 대결이 아닌 화합의 구도다. 말은 쉬워도 실행은 물론 어렵다. 어려워도 그래야 한다. 근본적인 발상의 전환, 그게 '갑'이나 '을' 모두가 사는 길이다. '갑'은 '을'을 지극한 마음으로 배려하는 풍토와 전통, 그게 바로 서야 한다. 일본의 본보기가 있지 않은가? KEPCO가 되고, 일본이 되는데 딴 데가 안 될 이유가 없는 것이다.

한전노조 형제 제군, 여러분의 선도로 이 땅에 건전한 노조문화를 세우자!

두 번째는 사용자의 용기이다. 정의로운 생각이다. 의(義)로울 때 절대로 물러서선 안 된다. 때때로 보이는 일부 노조의 행패는 눈뜨고 볼 수 없는 지경이다. 그때는 단호히 눌러야 한다. 오냐오냐하기 때문에 억지가 사라질 날이 없는 것이다. 기를 살려주면 더 기승하는 게 못된 놈들 속성이다. 정말 어려운 대목이다. 그러나 사용자는 단호해야 한다. 어쩌면 사운(社運)을 걸어야 할 때도 있을 것이다. 불행히도 꺾일 때도 있을 것이다. 그래도 사주는 맞서야 한다. 최악도 각오한다. 불의와 억지에 굴복하면 형편은 점점 더 어려워진다. 상식을 벗어난 상대는 이미 싹이 노랗다는 뜻이다. 물러서면 당장엔 모면하겠지만 결국은 줄 것 다 주고, 뺏길 것 다 뺏기고 수모만 남는다. 차라리 문을 닫는 게 낫다. 그런 각오로 대들어야 한다. 사즉필생(死卽必生)이라 않던가. 정말 문 닫아야 하는 불운도 있다. 그래도 맞서다 죽는 게 낫다.

불법을 봐주고 억지에 굴복하면 하나만 무너지는 게 아니라 연쇄적으로 무너져 간다. 결국은 온 경제가 무너져 무법천지가 된다. 경영자의 소임이 막중함을 새삼 느낀다.

말이 많았다. 내 생각이다. 해량 바란다.

포상금 사용에 대해 한마디 짚고 넘어가야겠다. 애초에는 포상금 50억 원을 몽땅 전 직원들에게 나누어 주려고 하였다. 그런데 다수 의견이 그래봐야 개개인의 몫은 기껏 15~6만원, 모처럼의 목돈이니 유익하게 사용하자는 것이다.

근무 중 공상(公傷)으로 은퇴한 직원들의 후원 대책, 무주택자, 전우회(電友會) 활성화 등 직원들의 후생을 위해 할 일은 얼마든지 있다는 것. 쌍문동 아파트 사업도 이렇게 이루어진 것이다.

이때 전우회에는 5억 원을 출연하여 기금으로 조성하는 한편, 한전에서 소규모 일을 하청하여 운영비를 충당케 하였다. 그러나 당시 전우회는 기반 조성이 늦어 전우회 본래의 친목 활동을 제대로 할 수 없었을 뿐더러 수많은 회원들을 지원하고 관리하기도 벅찼다. 우리 한전인이 존경하는 신기조, 성낙정, 이종훈 회장을 거치면서 점차 자리를 잡아 갔다.

2012년 한전이 낳은 걸물 최기정 회장이 취임하면서 전우회는 일신한다. 최기정. 서울 법대를 나온 호걸 중의 호걸. 걸쭉한 특유의 목소리가 사람을 끈다. 일에 거침이 없고 무슨 일이든 맡았다 하면 해치우는 일꾼. 전우회는 최 회장의 활약으로 전성기를 누리고 있다.

공상 직원을 위해서는 '82년에 조성된 전력공로기금 2억원에 13억원을 추가로 배정하고, '87년에는 기금을 총 22억으로 키

워 공상 퇴직자들의 생계보조와 자녀 장학금 지원을 대폭 강화
하였다.

3. 경향신문 에너지 대상(大賞)

어느 나라나 사회적으로 중요한 분야나 장려(獎勵)할 일은 여
러 가지 상(賞)을 제정해서 널리 시행하고 있다. 우리도 각종 문
화예술상, 5.16민족상 등. 그런데 에너지를 위한 상이 하나도 없
다. 국가 에너지의 중요성은 재론을 요치 않는다. 한전 부임 후
'에너토피아'를 주창(主唱)해 온 나로서는 에너지상의 필요성을
느꼈다.

에너토피아(Enertopia)란 'Energy'와 'Utopia'의 합성어. 내가
생각한 에너토피아란 에너지 자급률이 50%가 넘는 나라, 에너
지 사용에 불편이 없는 사회, 에너지자원이 풍부할 뿐만 아니라
에너지 효율(效率)이 높고, 에너지 운용기술이 뛰어난 나라를 말
한다. 부존자원이 없는 우리는 에너토피아의 실현이 어렵다. 원
자력, 연료전지, 바이오, 태양력 등, 친환경적인 자원을 기술력으
로 확보해야 한다. 그러기 위해서는 발군의 기술력이 필요하다.
에너지 분야 사람들을 분발시키려면 '에너지상'을 제정할 필요가
있다. 누가 앞장 설 것인가? 한전이 해야 할 게 아닌가? 이래서
시작한 것이 '전기에너지대상'이었다.

처음에는 에너지 전반을 망라하는 상(賞)으로 구상을 했던 것이나, 한국전력이 총괄하는 것은 무리가 있다는 의견에 따라 전기 에너지 분야만을 대상으로 하였다. 어차피 내가 주창하는 에너토피아도 원자력을 통한 에너지 확보에 있었으므로 그 안을 수용하였다.

수상 대상은 단체와 개인으로 구분하여, 단체 최고상은 대통령상으로 1,000만원, 다음이 국무총리상(4개 단체) 각 300만원, 개인 최고상은 총리상으로 300만원, 다음이 장관상(8명) 100만원으로 정하였다. 소요경비는 포상금 4,100만원을 포함하여 행사비까지 약 5,000만원 정도였다. 문제는 주관 부서였다. 처음 구상할 때는 한국전력이 주관하려던 것이었으나, 객관성과 사회적 주목을 많이 끌기 위해서는 언론기관에서 주관토록 하는 게 좋을 것 같았다.

그래서 탄생한 것이 '경향신문 전기에너지 대상'이다. 주관부서를 경향신문사로 정함에 따라 해마다 경비를 한전이 부담하는 것은 주관부서의 위신에 문제가 있다는 신문사 측의 의견이 있어, 그렇다면 전기대상을 영원히 주관한다는 약속하에 기금 10억을 경향신문에 기탁하였다. 당시 10억이면 이자율이 6~7%나 하던 시절이라 포상금과 행사비를 충당하고도 남았다. 기금10억은 최우수 경영평가 포상금에서 출연하였다.

제1회 전기대상 단체상은 '85년 10월8일에 있었는데 대통령상은 포항제철이 수상하였다.

근래 조회를 해보니 신문사 측은 '전기대상'을 모른다는 것이다.

진상은 2008년, 24회를 마지막으로 이 뜻있는 제도를 폐지했다는 것. 세상이 이 모양이니 유감(遺憾)이다.

4. 사원 생활관

직원과 직원 가족들의 휴식을 위한 휴양시설로 '81년부터 운영 해 온 수안보 한전연수원은 객실 80여 개와 식당, 오락실, 강당 등을 완비한 훌륭한 시설이었다. 특히 수안보의 명물인 양질의 온천물은 다른 기업의 어떤 휴양소도 갖지 못한 우리의 자랑이었다. 해마다 7,000여 명의 직원과 가족들이 이용하여 사원 복지에 큰 기여를 했다. 다만 우리 한전식구들에 비해 시설이 적어 전 직원이 매년 사용할 수 없다는 약점이 있었다. 적어도 일 년에 한번은 3박 4일의 휴식을 전 직원이 누릴 수 있어야 한다고 생각했다. 그래서 시작한 게 제2수안보생활관과 속초 생활관의 건설이었다.

마침 속초에는 설악산 인근에 좋은 회사 소유 10,000평짜리 땅이 있어 콘도미니엄 52세대를 '87년에 완성하였다. 건설 당시에는 몰랐던 사실인데, 완공 후 3년차인가 우연히 대지 내에 좋은 온천물이 솟는 것을 발견하였다. 그 바람에 땅값은 몇 배로 뛰었을 것이다. 한전은 역시 복 받은 회사이다.

제2수안보생활관은 새 부지를 마련하는 게 쉽지 않았다. 수안

보는 널리 알려진 곳이라 웬만한 땅은 모두 임자가 있었다. 그런데 운이 좋으려고 성당 건너편 과수원 주인이 배밭 4,000평을 내놓았다. 나중에 안 일이지만, 당시 수안보 관장의 정성어린 노력이 없었다면 그 땅을 손에 넣기는 어려웠을 것이다. 한전이 잘 나가는 것은 이런 말없는 분들의 숨은 노력 덕분이다.

제2생활관의 여건이 좋은 것은 뒤로 공원을 끼고 있어 차경(借景)도 될 뿐더러, 공원을 마당처럼 산책길로도 사용할 수 있어 안성맞춤이었다. 제1연수원보다 대지가 넓어 객실 92실에 강당, 체육관, 전시실까지 마련하여 훌륭한 휴양소가 되었다.

제6장

월성 간첩 침투 사건

1. 〈진돗개 1〉 발령

1983년 8월 4일 제주도 휴가를 떠났다. 온 가족이 함께 떠나는 모처럼의 휴가였다. 군(軍)을 떠나 일반기업에서 일을 시작한 이래 10여년만의 일이다. 휴가를 안 간 것은 내가 특별히 부지런해서가 아니라 다른 CEO들도 다들 그렇게 하는 것이 그 시절 풍습이었다.

호텔에 짐을 풀고 바닷가를 거닐 때, 오랜만에 맛보는 해방감도 좋았지만, 가족들이 더없이 즐거워하는 모습에서 더 큰 행복을 느꼈다.

다음 날 일찍이 눈을 떴다. 습관 탓이다. 그런데 불현듯, 고리 원자력 발전소가 떠올랐다. 왠지 끌렸다. 마치 '한번 다녀가시지요.' 라는 메시지만 같았다.

자리에서 일어났다. 옆방의 김문경 비서를 깨웠다.

김문경 과장. 고대 출신, 한중 때부터 수행비서를 해 온 걸물. 그가 한중 첫 공채에서 발탁된 이유는 면접 때 입사동기가 무어냐고 묻는 시험관에게 한다는 소리가 "박 사장이 진짜 같아서"이다. 어이없는 시험관이 "아니, 가짜 사장도 있는가?" 다그치자, '자기는 ROTC 예편 대상이라서 박 사장이 보낸 한중입사 권유 친서를 받았는데, 서명이 진짜인지 가짜인지 확인해 보기 위해 침을 살짝 발라 보았다는 것. 잉크가 퍼지는 것을 보고, 그때 생각이 그해 ROTC 예편 대상이 8,000명 정도인데 그럼 8,000장의 편지에 일일이 친필 서명했다는 게 아닌가? 그런 회사라면 꼭 들어가야겠다'고 생각했다는 것.

내가 그를 아끼는 이유는 '참'을 소중히 여기는 것도 마음에 들지만, 그의 무서운 자기개발 노력이다. 중국어를 대학에서 전공한 그는 지금 영어는 물론 일어까지도 능통하다. 내가 책을 아주 놓아 버리지 못하는 이유도 그 친구의 학구열을 옆에서 보고 있기 때문인지 모르겠다. 현재 발전회사 협력본부장. 장차 사장감이다.

제주지사나 본사에는 연락하지 말고 부산행 항공석 두 자리를 확보하라고 일렀다. 내자에겐 서울에 일이 있어 급히 다녀오겠다고 둘러대고. 부산 직항이 없어 김포를 경유 김해로 가는 표를 구했다.

김해 비행장에 도착하는 길로 택시를 잡았다. 항공편 연결이 복잡해 꽤 시간이 흘렀다. 곧장 고리원자력 본부로 향했다. 정문 경비실에 도착하여 발전소장 면회를 신청하였다. 얼마 전까지 본부장으로 있던 민경식 전무는 본사 관리본부장으로 발령이 나 고리본부장은 공석 중이었다. 경비원은 신분과 용건을 물었다. 김 비서가 나서서 한전 사장이라고 대변했다. 경비원은 어이가 없다는 듯, 한참동안 나를 쳐다봤다. 그도 그럴 것이 낡은 택시를 타고 온 승객이 자기가 사장이라니 어처구니가 없었을 것이다. 원래 사업소 사장 행차는 특별한 경우가 아니고는 한 달 전부터 통보가 되어 사장을 맞이할 준비로 한동안 부산한 법이다. 그리고 경비실에도 실수가 없도록 엄명이 떨어지기 일쑤다.

　　미심쩍지만 일단은 본부 누군가와 연락을 취하는 것 같았다. 전화가 길었다. 경비원의 언성이 자꾸 높아진다. 본부 쪽에서도 이해가 안 가는 모양이다. 한참 만에 사무실 쪽에서 직원이 쫓아 나왔다. 사무실과의 거리가 꽤 멀기 때문이다. 경비실 앞에 우두커니 서 있는 나를 멀리서 발견한 직원, 대경실색한 듯 막 뛰기 시작하였다. 눈을 뚱그렇게 뜨고 내 앞에 당도한 직원, 군대식 경례부터 부쳤다. 당황했으리라. 한동안 말을 못 잇다가,

　　"사장님, 웬일이십니까?" 숨을 몰아쉬며 내뱉듯이 말했다. 놀란 경비원도 덩달아 경례를 부치고. 나는 직원의 어깨를 가볍게 두드리며,

"가세." 부드럽게 말했다. 본의 아니게 소란을 피우는 것이 미안했다.

"어디로 말입니까?"

"사무실로 가야지." 직원은 아직도 정신을 못 차린 듯 무작정 경비실로 들어가 전화통을 붙든다.

"여보게, 전화할 필요 없네." 나는 직원의 대구도 기다리지 않고 앞장섰다. 당황한 듯 쫓아 나온다. 나는 말없이 걸었다. 김 비서와 경비원이 뒤 따랐다. 직원이 경비를 돌아보며, "잘 모시고 오이소!" 하고는 사무실 쪽으로 냅다 달린다. 그에겐 우선 소장한테 알리는 게 더 급했으리라.

본관 건물에 가까이 갔을 때 간부직원이 뛰어 나왔다. 허둥지둥 인사를 한 후 소장실로 안내하였다. 안내한 간부는 당직자였다. 모두가 퇴근을 한 모양이다. 모르는 사이에 많은 시간이 흐른 것이다.

"차를 끓일까요?" 당황해 하는 모습은 여전하였다. '도대체 사장이 이 시간에 웬일인가? 더구나 먼 고리발전소까지 통보도 없이 나타나다니-' 도무지 갈피를 못 잡는 것 같았다. "차는 나중에 하고 이리 와서 앉으시오." 조심스럽게 멀찍이 가 앉는다.

"내 말 잘 들으시오. 지금 5분 대기조를 출동시키시오."

그의 얼굴이 하얗게 질렸다. 잠시 머뭇거리는 듯하다가 밖으로 내 달렸다. 5분 대기조를 부르는 일보다 우선 자리부터 피하고 싶었는지 모른다.

한참을 기다렸다. 족히 한 시간은 되었을 것이다. 5분 대기조는 소식이 없고 발전소장이 나타났다. "아이고, 사장님, 웬일이십니까?" 1직급 최장동 처장. 원자력 직군 중에서도 내가 좋아하는 엘리트 중의 엘리트다.

곧이어 예비군 중대장이 들어오고, 수많은 간부들이 들이닥쳤다. 비상연락을 받고 30km 떨어진 해운대 직원 아파트에서 일제히 몰려온 것이다. 순식간에 소장실은 사람들로 북적였다. 비로소 당황하는 분위기는 사라지고 긴장된 속에서도 화기(和氣)가 돌았다.

예비군 중대장이 밖으로 나갔다가 금방 돌아와서는 5분대기조가 집합하였다고 보고한다. 비상 발령 후 무려 한 시간 반이 지나서였다. 면목이 없는 중대장이 고개를 숙였다.

5분 대기조라는 게 있긴 있었지만, 훈련을 제대로 해보긴 창설 이래 이번이 처음일 것이다.

그 무렵, 안 보이던 당직자가 급히 들어왔다. 발전소장에게 무어라고 귓속말을 한다. 다소 긴장한 소장이 나를 바라본다.

"사장님, 지금 이 일대에 〈진돗개 하나〉가 발령되었습니다."

"진돗개라니? 이건 내가 비상을 건 것이지, 실제 상황은 아니다."

"예, 압니다. 진짜 진돗개가 걸린 겁니다. 월성에 간첩이 침투했답니다."

"뭐라고?" 이젠 내가 당황하였다.

"어디 자세히 보고해 봐!"

실 상황은 어제 새벽에 월성원자력발전소 남쪽으로 5km 지점 해상에서 침투하는 간첩선을 해병대가 포착, 사격 끝에 접선용 간첩선을 격침하고 4명의 간첩을 사살했다는 것이다. 해병 7연대의 개가였다. 덕분에 훈련은 제대로 한 셈이다.

주위에서는 나의 이런 비상훈련에 대해 회의를 갖는 사람이 더러 있었다. 기업이란 경영에 몰두하기도 바쁜데 그런 낭비를 하다니. 일리 있는 생각이다. 그러나 내 생각은 다르다. 경영은 기본이다. 기업을 하루 아침에 망하게 하는 것은 따로 있다. 전쟁, 천재지변, 테러 같은 것이다. 한국중공업 때도 부임해서 얼마 안 돼 첫 비상을 건 곳도 공장 소방대였다. 불이 나면 경영을 잘 하고 못 하고도 없다.

한전은 또 다르다. 우리는 국가 기간시설(基幹施設)이다. 변전소 하나만 날려도 국가의 일부가 마비된다. 원자력 발전소를 터트리면 국가적 재앙(災殃)이 된다. 천재지변(天災地變)도 예고 없이 들이 닥치는데 하물며 전쟁을 잠시 멈추고 있는 우리 형편에 있어서랴. 안보(安保)에 대한 방심이나 무관심은 CEO의 가장 큰 직무태만의 하나다.

2. 중국민항기 불시착 사건

"국민 여러분 이것은 훈련상항이 아닙니다."

1983년 5월 5일 오후 2시, 공영방송의 다급한 공습경보 방송이 발령되었다. KBS의 조급한 경보가 시민들을 한참 동안 불안케 하였다. 얼마 후 납치된 중국민항기가 춘천 미군기지에 불시착한 사건으로 밝혀지면서 시민들은 가슴을 쓸어내렸다. 명색이 공영방송이라는 게 너무 호들갑을 떨었기 때문이다.

그런데 나는 이날 공교롭게도 서울 이북 지점의 근무상태를 확인하고 직원들을 긴장(緊張)시키기 위해 의정부지점을 막 방문한 참이었다. 예고 없던 사장 방문을 경비실로부터 연락을 받은 지점장이 현관에서 급히 나를 맞이했다. 배경주 지점장. 부하들의 신망을 모으고 있는 간부다. 반가운 것보다 놀랍고 당황스러웠으리라.

"어서 들어가시죠."
"지점장, 지금 5분대기조를 출동시키시오!"

미안하다. 그러나 '나는 지금 사장으로서 직원들을 긴장시키러 온 것이다.'

좀 매정했지만 눈 딱 감고 지시했다. 잠시 당황한 듯하더니 이내 예비군 중대장과 서무과장을 불렀다. 한바탕 소동이 벌어졌다. 한 10여분 후 대기조가 현관 앞에 줄을 섰다. 그런데 이 소동이 나고 있는 와중에 "국민 여러분, 이것은 훈련상황이 아닙니다."라고 KBS가 요란을 떨었다.

우연(偶然)치곤 너무도 기이한 일치(一致)였다. 안팎으로 굿을 한 셈이다. 그날 저녁은 지점 간부들과 함께 느긋하게 의정부 냉면을 즐겼다.

이런 사건이 있고 얼마 후 최세창 국방장관과 저녁을 먹을 때이다.

"박 사장, 한전에서 정보 분석은 누가 하지?"

"기획관리실이라는 게 있지."

"박 사장, 앞으로 비상을 걸 때는 먼저 나한테 귀띔하고 해라."

한전이 많이 바쁘게 됐다. 국방장관한테까지 보고를 하게 생겼으니.

제7장 ▬▬▬▬▬▬▬▬▬▬▬▬▬▬▬▬▬▬▬

인재양성

1. 공릉동 연수원

'Nobody is more professional than I am! (나를 능가하는 프로는 없다)'. 미 육군 하사관단의 모토이다. 얼마나 자신에 찬 말인가? 쉽게 말하면 '일하는 데 나보다 나은 놈 있으면 나와 보라 그래!'이다. 그만큼 일에는 자신이 최고의 프로라는 자부심(自負心)을 갖고 있다. 이게 미군 하사관들이요, 실제로 그들은 모두 최고의 프로들이다. 그래서 미군은 세계 최강이다.

인간이란 따지고 보면 교육의 산물이다. 사람은 처음부터 잘난놈은 없는 법. 인재(人材)란 키워야 하는 것이다. 미군 병사들의 경우 대졸자는 거의 없고(한국군의 경우 60%가 대졸 또는 재학생. 미군은 복무 중 장학금으로 대학을 간다.) 고졸자도 가뭄에 콩 나기다. 그런 자원(資源)으로 세계 최강의 군대를 만든다. 교육과 훈련의 결과다.

한전 재임 중 신경을 쓴 일이 인재양성(人材養成)이었다. '사람을 키우자면 좋은 선생과 시설이 있어야 한다. 좋은 선생은 시간을 두고 모으고, 우선 연수원부터 잘 지어야겠다. 우리 회사의 임무와 성격으로 보아 최고급 인재로부터 일반기술직까지 다양한 계층의 인재를 양성해야 한다. 그러자면 4, 5개의 연수원과 연구소를 확보해야 한다.' 교육시설이 여러 곳에 분산돼 있으면 관리상의 문제가 많을 것이므로 처음 구상은 대형 부지를 확보해서 한 지역에 각급연수원과 연구소를 여럿 지을 생각이었다.

그때 후보지로 지목된 곳이 안산부근 반월공단의 약 20만평의 야산이었다. 처음 답사 때 윤희우 전무가 동행했던 것으로 기억된다. 그 무렵 더 좋은 후보지로 나온 곳이 지금의 공릉동 연수원이다.

공릉동 연수원은 우리나라 최초의 원자력 연구소로 1959년 유서 깊은 TRIGA Mark-2 원자로(100kw)가 설치된 곳이다. '97년 해체작업과 함께 문화재로 지정되었다.

이 연구소는 불암산 자락에 자리잡은 아름다운 산과 녹지를 포함한 22만 평 대지에 8,000여 평의 기존 건물이 들어서 있는 곳이다. 공사비도 덜 들려니와 안산에 비해 모든 조건이 월등히 유리하다. 이놈을 산다. 그렇게 되면 서울 근교에 동양 최대, 최고의 연수원을 만들 수 있다. 이 보물을 180억에 샀다. 서울 한전

중앙연수원이란 이름으로 문을 연 것이 1986년 9월. 당시 연수원장은 이창섭 처장, 경기고와 서울대를 나온 배전 분야 최고의 베테랑. 뛰어난 학식에 인품까지 겸비한 분. 연수원의 개조와 개원은 그의 탁월한 솜씨로 이루어진 것이다. 다음 해 전무로 승진, 회사 발전을 위해 크게 공헌한다.

인간은 처음부터 지식이나 기술을 터득하는 게 아니다. 배워서 얻는다. 즉 학습과정을 거쳐야 하는 것이다. 사람이란 몇 번이고 같은 일을 거듭하면 처음엔 알고, 다음엔 익숙해지고, 더 나가면 편해지고, 마침내는 달인(達人)이 되는 것이다.

세계 최강을 자랑하는 미군도 달리 수가 있는 게 아니라 학습과정(學習過程)이라는 원리를 잘 활용하기 때문이다. 병사와 하사관을 위한 교육은 말할 것도 없고, 장교의 경우 최소 2년의 교육을 받아야 임관을 한다. 임관 후에는 초급간부를 위한 초등군사반, 고급간부를 위해서는 고등군사반, 전략단위(戰略單位) 교육을 위해서는 육, 해, 공군대학, 정략(政略)을 위해서는 지휘참모대학, 그 외에도 전문요원 양성을 위한 각종 특수학교에 특별과정을 설치해서 프로 중의 프로를 양성한다. 예컨대 특수전 하나만 해도 육군의 Green Berets, Ranger, Pathfinder에다 해, 공군의 특수부대까지 합친다면 그 다양성은 매거(枚擧)하기조차 어렵다.

뿐만 아니다. 미국은 계속 전쟁을 한다. 따지고 보면 독립전쟁 이후 한 번도 조용히 지난 날이 없었던 게 미군이다. 인디언 전쟁, 남북전쟁, 미서(美西)전쟁, 1, 2차 대전, 6·25전쟁, 베트남전쟁, 그라나다, 이라크, 아프가니스탄 등 계속적인 전투를 통해 실전까지 겸하게 되니 그 전투역량은 문자 그대로 천하무적(天下無敵)이다.

이렇게 조직이나 국가는 부단히 사람을 키우고 실무를 통해 숙련시켜 프로로 만들어 갈 때 막강한 조직, 국가가 탄생하는 것이다.

우리 한전도 각급 요원을 고루 양성하기 위해 최고경영자 과정으로부터 직업훈련과 신입사원 기본과정에 이르기까지 다양한 교육과정을 설치해 인재양성을 시작했다.

이때 만들어진 것이 중장기 인력육성계획이다. 최고급 인력은 하버드, MIT, 동경대 등 유수한 대학에 유학할 수 있도록 문호와 재원(財源)을 확보했고, 세계화 추세에 발맞추어 고급 실무교육은 연간 약 200명 정도가 해외 유명회사에서 직무교육을 받도록 하였다. 간부를 포함한 직원의 정예화는 국내 연수원을 이용토록 하였다.

육성계획이 끝나는 10년 후에는 박사 150명, 석사 400명 정도의 최고급 인력을 확보한다는 계획이었다.

그 가운데 특기할 과정은 1, 2직급을 대상으로 한 경영자과정이다. 고급 두뇌도 중요하지만 실무에 밝은 고급간부 확보가 조직발전의 원동력이기 때문이다. 회사 형편상 교육기간을 2년으로 하는 것은 무리니까 6개월로 하되, 이수자(履修者) 실력만은 일류대 MBA에 손색없는 자격을 갖도록 하였다.

교육인원은 매 기(期) 40명 내외로 하고, 이를 위해 서울대에 상당한 용역비도 주고, 졸업증도 서울대 경영대학원장 명의로 주도록 하였다. 이 과정은 1, 2 직급의 40명의 인사 풀로도 활용되어 간부인사 운용에 도움을 주었다.

2. 고리 원자력연수원

'84년 중순, 심창생 원자력건설처장이 결재서류를 하나 올렸다. 내용은 수용기간(收用期間)이 지난 고리의 옛 자재창고 부지를 원형(原型)으로 환원하여 지방정부에 반환하겠다는 것이다.

심창생, 한전이 낳은 최고의 원자력 전문가. 훗날 영광 3, 4호기를 토대로 한국형 APR-1400을 완성한 장본인. 나는 첫눈에 그를 '에너토피아'라고 불렀다. 나의 원대(遠大)한 꿈을 이루어줄 사람. 과연 그의 탁월한 능력과 신념은 훗날 한국형 원자로를 완성하고, 그것으로 UAE 수출이라는 대업을 가능케 한다.

문제의 토지는 고리 1, 2호기를 건설하기 위해 지난 15년 간 자재를 쌓아 뒀던 농지로 8만 평의 금싸라기 같은 땅이었다. 발전소 인근의 땅은 언젠가는 우리가 유용하게 쓸 소중한 재산이다. 발전소 부근의 땅은 사는 것도 어렵지만 수용하는 것도 쉽지 않다. 기왕에 우리 손에 들어왔던 보물을 그대로 내놓을 순 없다고 생각했다. 그 자리에서 그 땅을 바로 사라고 지시하였다. 다음 날, 부지(敷地) 획득이 어렵다는 보고였다. 이유는 매입을 해도 활용할 수 없는 그린벨트라는 것이다. 그린벨트는 박정희 대통령 시절 난개발(難開發)을 막고 녹지(綠地) 보호를 위해 개발을 엄하게 제한한 지역이다. 그린벨트라면 문제가 있지. 벨트 해지는 대통령의 재가사항이니까.

건설부 이규효 장관을 찾아갔다. 절차와 가능성을 타진하기 위해서였다.

"박 사장, 단념해라. 안 된다!"

"몹쓸 땅을 살리겠다는데도?"

"대통령께서도 재임 중 단 한 건밖에 재가 안 하셨다."

불가능해 보였다. 그러나 그냥 물러설 수는 없지 않은가? 앞으로 에너토피아를 실현하자면 원자력 전문요원을 양성할 연수원은 꼭 있어야 하고, 그것은 반드시 원자력 발전소가 군집해 있는 고리 부근이어야 한다. 더구나 이 땅은 발전소에 인접해 있지 않은가. 이런 적지(適地)를 어떻게 포기한단 말인가.

지방 사업소도 가 볼 겸 고리본부에 갔다. 너무도 탐나는 땅이다. 돌아와서 심창생에게 현재 그곳 대지의 험한 상태가 잘 나타나게 사진 몇 장을 준비하고, 빠른 시일 내에 연수원 조감도를 준비하도록 했다.

며칠 후, 차트를 준비했다. 현지의 사진 한 장, 연수원 조감도

한 장, 그리고 연수원의 필요성을 약술한 한 장, 모두 석장이다. 면담 신청을 하고 며칠을 기다려 재가를 얻어 찾아뵈었다. 김재익 경제수석이 배석하였다.

"웬 일인가?"
준비한 차트를 펼쳤다.
"그린벨트 해제 건입니다. 각하!"
"그린벨트? 그건 안 돼." 한마디로 거절하신다. 눈앞이 캄캄해졌다. 고개를 떨구고 한동안 기다렸다.

"준비한 차트는 단 석장입니다. 그냥 보기만 해 주십시오."

내겐 절체절명의 순간이다. 이 황금 같은 기회를 놓치면 끝장이다. 사람이 진정으로 정성을 다할 때, 하늘이 돕는다 하였던가? 한동안 적막이 흘렀다. 내게는 영원으로 느껴지는 순간,

"좋아. 보자."

울퉁불퉁한 대지 사진과 다음 장의 아름다운 건물 조감도(鳥瞰圖)가 극적 대조를 이룬다. 누가 보아도 설득력 있는 메시지다. 그리고 석장 째 마지막 장을 열었다. 혼신의 힘을 쏟은 나의 설명이 짧게 이어졌다. 내 목소리는 떨리고 있었을 것이다.
침묵이 흘렀다. 잠깐이었을 것이다. 그러나 내겐 영겁으로만

느껴지는 시간이었다. 나는 여전히 고개를 떨군 채 심호흡을 했다. 심연과도 같은 적막이 흘렀다.

"좋아, 서류를 올려라."

이렇게 해서 지금의 한수원 인재개발원이 세상에 빛을 보게 된 것. 지금은 국제원자력대학원(KINGS)까지 들어서 해외 19개국에서 온 55명의 유학생을 포함 120여 명의 전문 인력이 연수하는 세계적인 원자력 교육기관이 되었다.

3. 대덕 전력연구원

'84년 여름 EDF 불란서전력공사를 방문했을 때이다. 대담 중 EDF 사장은 내게 이런 말을 하였다.

"무슈 박, 우리는 말이요, 얼마 안 있어 1차 에너지와 경쟁을 할 겁니다."

무슨 소리? 나는 내 귀를 의심했다. 가정에서 쓰는 가스나 기름과 경쟁을 하겠다니. 그것은 우리 전기인들의 꿈이 아닌가? 불란서전력이 아무리 잘났기로 가정에서 가스와 기름을 몰아내고 전기로 대치해? 그러나 EDF CEO의 말이니 믿어야 할밖에.

돌아와서 몇 사람과 상의해 보니 EDF가 큰소리 칠 만도 하였다. 회사에 박사만 300여 명에 국가의 에너지 정책은 숫제 EDF가 전담하고, 원자력발전도 전체 전원 공급의 60%(지금은 80%)가 넘어 인접국가에 전기까지 수출한다니, 내겐 꿈같은 얘기였다.

'그래, EDF가 했다면 KEPCO가 못할 리 있나.' 오기가 발동했다.

사실은 모두가 꿈으로 끝난 얘기지만 한전에 부임해서 우리도 미국의 MIT 같은 세계적인 공과대학을 갖겠다는 생각을 하였다. 우리 부속학교인 수도공고 같은 교육도 중요하지만 글로벌 시대를 리드하자면 역시 우수한 두뇌 양성 쪽에 비중을 두어야겠다는 생각에서였다. 그러나 그 꿈은 얼마 안가 접었다. 넘어야 할 산이 너무도 많았기 때문이다. 그래서 그보다는 실현 가능한 연구소를 설립해 우수 두뇌를 모으고 교육하는 쪽으로 생각을 바꾸었다. 공릉동연수원을 강력히 추진한 것도 이러한 구상의 일환이었다. 언젠가는 환경이 뛰어난 공릉동 연수원 한쪽에 연구소를 설립, 우수 두뇌를 모으리라.

그런데 연구소 문제를 자문을 하는 과기처 인사는 연구소는 역시 대덕에 두는 것이 옳다고 하였다. 대덕에는 이미 세계적 석학들이 모여 있고, 앞으로도 국가의 연구단지로서 계속 발전해 나갈 것이므로 주변 연구소와의 협력관계를 고려해야 한다는 것이다. 그래?

대덕은 대덕이고 서울은 서울이다. 공릉동 연수원은 그대로 추진하면서 대덕은 따로 알아보기로 하였다.

마침 대덕에 제2연구단지를 조성 중이어서 12만평을 매입하였다. 화봉산(200m) 자락 야트막한 야산지대로 형성된 우리 땅은 연구단지 내에서도 가장 아름다운 곳이다. 뿐만 아니라 접근이 용이하다. 서쪽으로 나 있는 대덕터널 덕분이다. 사실은 터널 공사가 늦게 계획된 것이라 사정을 모르는 입주자들이 그 근처를 맹지(盲地)라고 기피하는 판이었다. 따라서 우리는 골라서 좋은 땅을 차지할 수 있었다. 일이 순조로웠던 것은 명석한 두뇌의 소유자 윤희우 전무의 발 빠른 행동과 정확한 정보 덕분이었다.

4. 인재 확보

공릉동 연수원도 마련했겠다, 대덕단지 연구소 땅도 샀겠다, 사람 키우고 연구할 준비는 잘 된 셈이다. 그러나 정작 중요한 것은 집이 아니라 사람이다. 특히 EDF와 같은 수준의 우수 집단이 되자면 할 일이 많았다.

우선 처음부터 우수한 자원을 확보하는 것이 중요하다. 교육, 훈련비도 덜 들고 가르친 후 생산성도 훨씬 높기 때문이다.

부임한 지 얼마 안 되어 모 대학에서 교수와 졸업예정자들을 만났을 때이다. 대화 도중 나를 놀라게 한 것이 우리 한전의 인기가 형편없다는 사실이었다. 내겐 쇼크였다. 어느 졸업 예정자는 한다는 말이 "우리도 갈 만한 회사가 됩니까?"이다. '이런 고얀 놈이 있나' 싶어 교수와 그 녀석을 번갈아 노려보았다. 약간 머쓱해진 그들의 설명인 즉 솔직하게 '전기세나 걷고 전주에나 오르내리는 고리타분한 인상'이라는 것이다. '이 사람들이 사람을 어떻게 보고 우리 회사를 폄하해' 하고 울컥 화가 났지만 웃음으로 가리고, 차근차근 회사 형편을 설명했다. 나로서는 그들의 이해가 필요했고, 그래야 장차 우수한 자원을 영입할 수 있을 테니까. 문제는 홍보를 게을리 한 우리의 태만(怠慢)에 있었지 그들의 잘못은 아니다.

다음 날 민경식 관리본부장을 불렀다. 얼마 전까지 고리 원자력본부장을 지낸 분. 본인의 직능과는 다른 행정관리 총책을 맡긴 것은 다 생각이 있어서였다. 어제 체험했던 대학의 분위기를 설명하고 대책을 논의했다. 결국 우리가 우리 자신을 알리는 수밖에 없다는 결론이었다. 그리고 본인이 나서서 각 대학을 방문하겠다고 하였다.

서너 달 동안 민 본부장은 홍보팀을 데리고 대학을 돌았다. 브리핑의 달인 민 전무가 나섰으니 그 성과는 물어 볼 것도 없다. 나중 얘기지만 연말께 당시 취업을 전문으로 하는 인기 잡지 '리크루트'는 대학가의 최고 인기, 희망 직장이 한전이었다. 그동안 우리를 훨씬 앞섰던 현대, 삼성을 제치고 한국전력이 으뜸으로 올라선 것이다.

이제 신입사원부터 우수한 자원을 확보하게 되었으니 잘만 가르치면 된다. 그런데 연수원의 경우 학계와의 연계가 잘 돼 교육이 잘 진행되었지만, 연구소의 경우는 차질이 많았다.

우선 최고급 인재육성의 진척이 시원찮았다. 문제는 어학 실력. 공릉동 연수원에 최신 시청각 설비를 늘리고 시간도 더 배당했지만 부진한 것은 여전하였다. 고급인력의 해외 훈련은 내가 떠난 후에도 사정은 마찬가지였을 것이다.

아무리 훌륭한 연구소를 지어도 인재가 없으면 수준 있는 연구나 세계를 놀라게 할 R&D는 나올 수 없는 법. 그런데 훗날 이 문제를 훌륭하게 해결한 사람이 있다.

11대 이종훈 사장. 출중한 경영인이요, 리더십도 뛰어난 분이다. 사내발탁(社內拔擢)으로 톱에 오른 두 번째 케이스. 7대 성낙정 사장에 이어 최고경영자가 된 원자력의 최고 실력자.

최고 두뇌는 사내 자원으로는 충당할 수 없다는 사실을 진즉 간파한 그는 연구소를 근본적으로 개혁했다. 세계적 컨설팅회사인 맥킨지의 노하우를 배워 일약 세계적 연구소로 마침내 만든 것이다.

연구소장으로는 김한중 박사를 등용하였다. 김 박사는 서울공대와 세계적 연구소인 GTE(Boston)를 거친 과학자. 연구원들은 각국에 흩어져 있던 두뇌들을 고임금(高賃金)으로 채용하였다. 약 100여 명의 해외 두뇌를 모았는데, 대부분이 소위 두 자리 봉급자(Two Digits; 연봉 10만 불 이상)였다니 대단한 일을 해낸 것이다. 이제 세계적 연구소와 같은 체제와 운영, 그리고 내용을 갖추었다. 한전 조직이면서 본사와 다른 임금체계를 유지하고, 자율경영에 독자적(獨自的) 인사권까지 행사한다는 것은 말이 쉽지 공기업으로서는 꿈도 못 꿀 일들이다. 보통사람은 정말 해

낼 수 없는 일을 해낸 것이다.

얼마 안 있어 한전연구원은 '대덕단지에서 제일 먼저 불이 켜지고, 제일 늦게 불이 꺼지는 연구소'라는 별명이 붙었다. 우리의 오랜 숙원인 최고의 엘리트 집단, 세계적 전력회사란 명예를 눈앞에 두고 있었다.

이때 이 사장을 도와 일을 해낸 사람이 '90년대 초, 한전 분할을 몸으로 막다가 회사를 떠난 한전의 일재(逸才) 이봉래 전무다.

생각해 보면 이종훈 사장은 한전인 중 나의 가장 소중한 동지이다. 원자력에 대한 꿈을 심어 준 장본인, 기술자립을 위한 고난의 대장정(大長征) 때는 부사장으로서 나를 보필하여 우리의 숙원을 이루는 데 힘을 다한 인물이다. 육상연맹 때는 수석부회장으로서 '92, '96년 올림픽 마라톤에서 대승을 거두는 데 일조하였다.

부임 초 대만 출장을 함께 하면서 그의 식견과 인품은 한전의 발전을 위해 꼭 필요하다고 믿었다. 고리본부장에서 부사장으로 승진하기까지 당시 까다로웠던 신원보증(身元保證)은 내가 섰다. 동지를 넘어 형제와 같은 사람이다. 팔순이 된 지금도 육상진흥회 일로 고락을 같이하고 있다. 나의 홍복(洪福)이다.

세상일이란 기복이 있는 법. 시운(時運)의 변화로 연구소는 '98년 해체의 비운(悲運)을 맞는다. 뿐만 아니라 곧 이어 한국전력 자체가 분할되는 참사(慘事)를 맞는다. 역사에 동원은 되었으되 역사를 돌려 세우는 사람은 어느 시대에나 있다.

오호라! 한전의 광복(光復)은 언제 올 것인가!

그러나 한전 형제 제군, 뜻이 있는 곳에 길이 있다고 하였다. 무슨 일이든 물러설 줄 모르는 불굴의 투지로 덤벼 보라. 일은 성사되게 되어 있다. 지난 날, 한전의 영광을 가슴에 품고 내일을 기약하며 우리 모두의 영광을 위해 합심하고 뜻을 펴 나아가면 반드시 우리의 광복의 날은 올 것이다.

기원전, 유대인들은 망국의 한을 안고 세계 곳곳으로 흩어졌지만 2,000여 년이 흐른 지금, 그들의 나라를 이스라엘 땅에 다시 세우지 않았나!

분발하라. 전력인 형제여! 지금 우리는 비록 흩어져 있지만 우리의 고향은 KEPCO 이다. 우리 모두의 영광의 날을 위해 매진하자!

5. 유소년 축구

한전의 인재양성 중 가장 특이했던 것이 유소년 축구의 육성이다. 이는 전국적으로 50개 초등학교를 선정, 축구부를 설치하고 지원한다는 프로젝트였다. 대도시를 제외한 9개도에서 각각 4, 5개교를 선정, 해마다 1,000만원씩 지원하였다. 회사로서는 연 5억의 경비가 들긴 하였지만 매우 의의 있는 일이었다. 우선 공기업으로서의 사회적 공헌이라는 내용도 좋지만, 지역사회와의 긴밀한 관계를 통해 전국의 수용가와의 소통에 더 큰 뜻이 있었다. 뿐만 아니라 축구를 통해 한국의 위상을 높이는 데도 큰 역할을 기대할 수 있었다.

그러나 어느 사장 때부턴가 이 사업을 중단하였다.

올해 2014년, 국민적 관심을 모았던 축구월드컵에서 한국은 조기에 탈락하였다. 국민들이 많이 실망하였다. 만일 이 사업을 중단하지 않고 계속했더라면 30년 동안에 수많은 명선수들이 배출됐을 것이다. 또 이번 같은 참패로 온 국민이 허탈해하지도 않았을 것이다. 조기 탈락이 아니라 4강이나 결승까지 올라갈 수도 있었을 것이다. 그랬다면 얼마나 신나는 일이었겠나?

지난 7월 16일자 조선일보는 주목할 박스기사를 실었다.

지난번 브라질 월드컵 때 우리와 같은 조에 속했던 벨기에 팀에 관한 기사다. 우승후보로까지 지목 받던 이 팀은 사실은 지난 12년 동안 월드컵 출전권조차 얻지 못했던 약팀이었다. 이번 대회에서 예측은 빛나가 결승까지는 못 가고 8강에서 머물렀지만, 그 기세는 한동안 파죽지세였다. 그런데 벨기에 팀이 우승후보로까지 주목을 받게 된 원동력이 바로 유소년 축구육성에 있었다는 것.

2000년 유럽선수권 주최국으로 조별 예선에서조차 탈락한 벨기에는 그 수모를 만회하기 위해 유소년 축구를 육성하기 시작하였고, 국가대표 코치를 맡았던 미셸 사블롱이 7세로부터 12세까지의 소년들을 모아 10년 동안 과학적으로 훈련시킨 결실이 이번에 나타났다는 것이다.

벨기에는 10년 만에 우승도 바라보는 강팀을 육성하였는데, 우리는 30년 세월을 허송한 게 아닌가?

지금도 내가 아쉬워하는 일의 하나다.

제8장

관동구경(關東九景)

'84년, 강릉지사를 방문 했을 때이다. 조창구 지사장을 격려하기 위해서다. 말 많던 한일병원 사무장으로 노태일 원장을 도와 병원을 정상화시킨 장본인이다. 순시(巡視)를 마치고 지점장실에서 환담을 하는 중이었다.

"사장님, 한 가지 건의가 있습니다." 지사장이 느닷없이 던진 말이다.
"무슨 건의?"
"강릉 지사를 새로 지어 주십시오." 정말 뚱딴지같은 제안이었다.
"아니, 멀쩡한 지사가 있는데?"

원래가 좀 엉뚱한 사람인 줄은 알았지만 이건 좀 지나치다 싶었다. 사실은 그 엉뚱한 장점을 봐서 한일병원을 맡기긴 했었지만.

어이가 없어 쳐다보고만 있는 내게 거침없이 말을 잇는다.

"그게 말입니다…."

'지사란 원래 도청(道廳) 소재지에만 두는 법인데, 강원도에는 춘천 말고도 강릉에 지사를 둔 이유로부터, 관동(關東) 사람들의 높은 콧대 얘기며, 이이(李珥)와 사명당의 일화'까지 줄줄이 외운다.

그리고는 지금의 지점 건물은 낡고 또 기찻길까지 옆으로 지나가 근무환경이 나쁘고, 한전의 체모도 안 선다는 것이다. 건의치곤 맹랑한 내용이다. 사실은 사장한테 할 소리도 아니다. 그러나 그 엉뚱한 게 싫지 않았다. 일을 제대로 하려면 이런 사람도 필요한 법.

생각할 여유가 필요했다. 뚝 잘라버릴 수도 있었으나 한일병원 때 공로를 생각해서 도와주고 싶었다.

"말도 안 되는 소리 그만두고 저녁이나 먹으러 가자."며 일어섰다. 저녁을 하며 생각했다.

'옳거니, 관동에는 천하의 명물 '관동팔경(關東八景)'이란 게 있겠다. 일 좀 한다는 자네 정말 일 한번 저질러 볼래?' 하는 생각이 얼핏 들었다.

"좋소, 당신 말대로 관동이 그렇게 대단하다면 이왕에 짓는 사옥도 명물이라야 않겠소? 관동팔경에 하나를 더 보태게 관동구경(關東九景)을 만들어 봅시다. 내 조건은 그만한 명당자리를 구해 오라는 것이오."

지점장은 나를 빤히 쳐다본다. 가(可)도 부(否)도 아니라 헷갈리는 모양이다.

"손색없는 명당을 구해 오라는 것이오."

"그러면 승낙하신다는 겁니까?" 다짐을 받는다.

"그렇소."

두어 달이 지났다. 조 지사장으로부터 특별면회(特別面會) 신청이 왔단다. '사장 보러 오는데 특별 면담은 또 무슨 소리?' 다음 날 큼지막한 차트를 들고 내 방에 들어섰다.

"사장님, 좋은 자리 봐 놓았습니다." 차트에 펴 보이는 솔밭 대지가 좋아 보였다.

"관동구경 만드는 데 정말 손색이 없단 말이지?"

"땅값이나 어서 내 놓으십시오. 동해를 바라보는 언덕바지 5,000평입니다."

이렇게 해서 일은 저질러졌다. 이제 내 쪽이 큰일이 됐다. 공이 내게로 넘어왔으니, 지금부터 모든 일은 내 몫이다. 정부에는 어떤 명분을 댈 것이며, 한두 푼도 아닌 돈은 어떻게 마련한다? 또, 관동구경에 걸맞은 작품은 누가 설계하고 짓는단 말인가.

널리 사람을 구했다. 낙점(落點)은 서울대 생산기술연구소 설계팀의 김진균 교수. MIT에서 현대건축을 전공하고 지금은 우리 전통 건축을 공부하는 신예 교수. 공사의 배경을 설명했더니 8개월부터 1년의 기한을 요구한다. 나는 빠를수록 좋다고 하였다.

8개월 후 김 교수가 연구결과를 가지고 왔다. 방대(厖大)한 분량의 설계도를 펼쳐 놓는다. 멋있다. 놀랍다. 기가 막힌다.

그런데 걱정이 앞섰다. 명색이 오피스 빌딩이라는데, 그것도 한전 사옥이라는데, 이런 기발한 구조와 조형을 사람들이 이해하고 소화를 해 줄 것인가. 우선 내가 놀랄 정도니, 회사 간부와 직원들이 순순히 받아들일까? 뿐만 아니라 관계(官界)와 업계, 그리고 일반 대중은?

성급하게 그냥 시작할 일은 아니었다. 우선 회사 내의 이해와 공감(共感)이 필요하다고 생각했다. 김 교수를 다시 불렀다.

"김 교수, 우리 전통건축에 대한 두 시간짜리 강의를 준비해 주시오."

"갑자기 강의는⋯?"

"생각하는 게 있어 그렇소. 한 달 말미를 드리리다."

발표는 한 달 후 주간 간부회의 때 하기로 하였다.

강의는 역시 명교수답게 훌륭하였다. 먼저 서양건축과 동양건축을 비교한 다음, 우리 전통건축의 특징과 아름다움을 전국의 실존 건축물을 소개하며 열강(熱講)을 하였다. 적어도 우리 간부들은 전통건축에 대한 새로운 인식을 하게 되었다.

한 주일 후 같은 간부회의에서 김 교수의 강릉지사, '관동구경'

설계도 설명회를 가졌다. 놀라는 사람, 절찬하는 사람, 시큰둥하는 사람, 각양각색이었다. 다행히 반대는 20%정도였다. 'OK, Go!'다.

이렇게 해서 우리의 자랑, 강릉지사가 탄생한 것이다.

그러면 강릉지사가 얼마나 잘났기에 감히 '관동구경'이라 자칭하는가? 후진들을 위해 강릉지사의 특징을 간단히 소개해 두겠다.

그러자면 관동팔경부터 알아 두렸다.

관동팔경하면 강원도 동해안을 따라 펼쳐진 여덟 곳의 유서 깊은 명승지로, 북으로부터:

제1경, 해금강(海金剛)의 기암괴석으로 이루어진 통천(通川)의 총석정(叢石亭 – 이북소재),

제2경, 신선이 하루만 묵고 가려다 절경에 빠져 삼일이나 머물렀다는 고성(高城)의 삼일포(三日浦),

제3경, 조선조 중종(1520년경) 때 지은 천하제일의 동해 해돋이와 낙조를 자랑하는 간성(杆城)의 청간정(淸澗亭),

제4경, 우리나라 3대 관음성지(觀音聖地)의 하나로 신라 문무왕 때 의상이 지은 양양(襄陽) 낙산사(洛山寺),

제5경, 하늘, 호수, 바다, 술잔, 임의 눈동자속의 다섯 개 술잔으로 유명한 경포호 북쪽의 강릉 경포대(鏡浦臺),

제6경, 송강(松江) 정철의 《관동별곡(關東別曲)》에 나오는 삼척(三陟) 죽서루(竹西樓),

제7경, 성종(1690) 때 지은 울진(蔚珍) 망양정(望洋亭),

제8경, 신라 화랑들이 달을 즐겼다는 평해(平海) 월송정(越松亭).

이 여덟 명승지가 관동8경이라.

그러면 강릉지사가 어떻게 관동9경의 반열에 서겠다는 것인가? 우선 우리 한전 강릉지사는 아홉 가지 덕을 갖추었으니, 그 첫째가 8경의 막내로되 건물의 연건평이 2,500평이라, 100~200평을 넘지 않는 형님들을 넉넉하게 뒷받침할 것이고, 둘째, 낙산사 누각을 본딴 광영루(光瀛樓)와 청간정에서 따온 밝고 믿음직한 창신각(彰信閣)이 서로 마주보며 한전지사를 받치고 있으니 반석 위에 성곽이요, 셋째, 명례당(明禮堂)이란 의젓한 이름의 강당은 멀리 수원성에서 모습을 따왔고, 넷째, 서쪽으로 난 별관은 등영사(燈瀛詞)란 밝은 이름으로 저 유명한 선교장(船橋莊) 행랑채의 모습이요, 다섯째, 우리 지사에는 두 대문이 있으니, 좌측 대문은 상서로운 문이라 길상문(吉祥門)이요, 우측 대문은 의로운 문이라 명의문(明義門)이라, 둘 다 강릉의 유서 깊은 옛 객사 모양에서 따온 것이요, 여섯째, 가운데 연못은 '경포의 술잔'을 닮으라고 이름도 아름다운 월영지(月影池)라 하였으니, 비록 후생이라지만 형들을 닮아 자태가 자못 수려하고, 일곱 번째, 위로 여덟 형님들이 모두 바다와 강에 군림하였으되 오직 막내만은 내륙에 엎드려 있으니 그 겸손이 아름답지 아니한가. 여덟 번째, 비록 내륙에 있으되 바다를 가까이 하려고 중심누각의 이름을 '光瀛樓', 빛'광', 바다'영', 다락'루'로 하였으니 그 또한 가상(嘉

尙)치 아니한가. 아홉 번째, 기운찬 젊음이 내뿜는 씩씩함으로 위로 여덟 형님들을 받들 터이니 그 기상이 믿음직스럽도다.

한국전력이 전력문화 창달을 위하여 관동 땅에 일경(一景)을 보태니 관동구경이라. 그 뜻이 더욱 빛나지 아니한가?

제9장

빚을 갚으라

1. "나 안 죽었다, 아이가"

1984년 11월 25일, 경북 월성의 중수원자로(重水原子爐) 1호 기에서 중수(重水)가 대량으로 새는 사고가 발생했다. 중수(重水)란 보통 물 H_2O 수소원소에 중성자(中性子)가 하나 더 붙어 물보다 무거워진 D_2O를 가리키는 것으로, 원자로의 냉각재로 쓰이는 특수한 물이다. 다 아는 일이지만 원자로에서 냉각재 공급에 이상이 생기면 정말 무서운 사고가 발생한다. 바로 3년 전 일본의 후쿠시마 원전사고도 냉각수가 끊겨서 난 사고다.

그날 제일 먼저 원자로 통제실(統制室)에 비상이 걸렸다. 원자로의 온도가 점점 올라가는 것이다. 냉각재로 쓰이는 중수가 새는 게 분명하다. 문제는 왜 중수가 새는지, 얼마나 새고 있는지,

또 어디서 새는지를 알 수가 없기 때문이다. 이런 상황은 매뉴얼에도 없었다. 통제실은 한동안 공황에 빠졌다. 원자력의 베테랑인 박상기 소장도 당황하고 있었기 때문이다. 절체절명의 시간, 한 사나이가 소장 앞으로 나섰다. 기계과장 박재준이다.

"내가 격납고 안으로 들어가 보겠습니다."

청천의 벽력과도 같은 소리다. 격납고에 들어가다니! 잘못하면 죽는다. 방사능이 샜다면 운이 좋아도 몇 달 못 산다. 소장이 허락할 리가 없다. 더구나 그것은 안전위원회(安全委員會) 승인사항이다.

그런데 삐삐-, 빼빼-, 통제실 각종 경보장치가 시끄럽게 울려댄다. 계통수(냉각재) 저수위(低水位)를 알리는 빨간 불이 명멸한다. 계통수 순환펌프는 공회전만 한다. 냉각재가 부족하기 때문이다. 그대로 두면 펌프가 망가진다. 베테랑 운전요원들도 서로 얼굴만 쳐다본다. 이제 원자로는 고립무원의 상태가 되었다. 조종사가 실신해 버린 항공기와 같은 상황이다. 이제는 기계에만 의존할 수 없다. 사람이 확인하는 수밖에. 박 과장이 다시 앞으로 나섰다. 소장과 부소장을 똑바로 쳐다봤다.

'이제 방법이 없지 않소?' 무언의 항의다.

그의 얼굴엔 세속을 초월한 위엄(威嚴)이 서렸다. 범접할 수 없는 위광(威光). 박 소장은 고개를 떨구고, 김길조 부소장은 고개를 쳐든다. 그리고 한참 만에 고개를 끄덕하였다. 말이란 불편할 때가 있는 법.

박 과장은 방사선관리과장에게 부탁했다. '경보음을 5분마다 울려 줄 것. 경보음이 네 번 울리면 탈출한다. 자력으로 탈출 못 할 때를 대비 구출용 로프를 묶고 들어간다.'

보수요원 세 명과 돌입 준비를 서둘렀다. 방호복을 입고, 손전등, 측정기, 공구류를 지참시켰다.

출입문을 들어섰다. 아차! 지옥이 여긴가? 꽉 찬 수증기로 지척을 분간할 수 없다. 살고 죽는다는 것, 그것이 무엇인가? 그건 내 얘기가 아니고 남의 얘기다. 나는 죽고 살고도 없다. 오직 '원인'을 찾아야 한다. 자욱한 수증기로 헬맷 유리가 허옇게 됐다. 앞이 안 보인다. 방호복도 거추장스럽다. 이 판에 방호복이 무슨 소용이냐. 방호복을 벗어 던졌다. 겨우 앞이 보인다. 아래층은 별일 없다. 차례로 계단을 오르며 집중한다. 6층에 왔을 때 중수로 저장탱크 벽에서 이상을 발견한다. "아이고, 하느님!" 원자로 내에 이상이 없는 것은 확실하다.

"밖으로 나가자!" 따르는 요원들을 재촉하였다. 서둘렀다. 이제야 겁이 덜컥 났다. 허둥지둥 출입문을 찾아 밖으로 나왔다.

온통 중수를 뒤집어 써 물에 빠진 X새끼 꼴을 한 박 과장이 유령처럼 직원들 앞에 나타났다. 소장 이하 직원들이 말을 잃고 눈만 크게 뜬다. 꿈인가, 생시인가.

"나 안 죽었다 아이가?" 박 과장이 내지르는 일성(一聲)에 사람들이 정신을 차린다.

동료들이 긴 한숨을 내 쉰다. 안도, 미안함, 환희, 복합된 감정

들이 뒤엉켜 술렁거린다.

정신을 차린 부소장이 명령을 내린다.

"방사능 유출은 안 됐다. 안심하고 들어가 수리하라."

2. 읍참마속의 고사를 따를 것인가?

사고는 수습이 되었다. 그러나 원자력 사고는 그걸로 끝날
수 없다. 복잡한 후속조치가 따르는 법. 근본 원인은? 천재(天
災)? 인재(人災)? 대응은 적절(適切)했는가? 안전수칙은 준수
(遵守)했는가? 교훈은 무엇인가? 등. 당연히 본사가 뒤집어지
고, 정부도 난리가 나는 법. 원자력은 무서운 것이다. 무서워해
야 한다.

본사가 수습을 하는 중에 벌써 동자부와 과기처는 현장으로 달
려갔다. 책임론부터 편다. 현장을 정신 못 차리게 한다. 지금은
책임을 묻기보다 수습이 먼저다. 책임질 일이 있으면 사장이 책
임진다. 좀 조용히들 해라. 집안부터 진정시키기 바빴다.

그 와중에 겁먹은 현장은 박 과장의 의로운 행동을 영원히 묻
어 두자고 모의를 하였다. 심지어 사장한테까지 비밀로 하자고.
안전수칙(安全守則)을 어긴 것이니까. 비밀은 30년 동안 지켜
졌다.

원자력 직군(職群) 정말 독한 놈들이다.

10여 년째 원자력 사업을 하면서 원전 사고는 처음 겪는 일이다. 정부의 신경이 날카로울 수밖에 없다. 위에서는 관계자 처벌을 요구한다. 본사의 중론도 엄벌(嚴罰)로 기운다. 회사에 끼친 무형 유형의 손해가 심각하다. 명예는 물론 회사의 신뢰도(信賴度)에도 큰 손상을 입혔다. 에너토피아에도 찬물을 끼얹었다. 손해는 무형의 것을 빼고도 이만저만이 아니다. 중수는 단가가 킬로당 1,000불이다. 웬만한 꼬냑보다 비싸다. 이게 30톤이나 유출됐다. 무려 140드럼 분량이다. 그건 또 약과다. 재가동이 6개월이 걸릴지, 1년이 걸릴지도 모른다. 60만kw의 대체연료비는 또 어떻게 할 것이냐?

　본사는 현장 수습부터 시작했다. 나도 현장으로 날아갔다. 부사장과 담당 전무가 수행했다. 비행기 속에서는 머리가 복잡했다. 그런 끔직한 사고가 나다니. 사고 처리는 잘 되겠지만 현장 책임자들에 대한 조치는 어떻게 한담? 재산상의 손해는 차치하고도 원자력에 대한 불신, 회사 신뢰도의 실추, 에너토피아 추진에 중대한 차질을 빚은 이 사건을 그냥 넘길 수는 없다. 괘씸했다. 용서할 수 없다.

　현장에 도착했다. 도열한 소장 이하 간부들이 나를 쳐다보지도 못한다. 어깨는 처질대로 처지고, 생동감이란 흔적도 없다. 그렇게 강조해 오던 행동지침도 온데간데 없고.

　전 직원을 강당으로 집합시키라고 지시했다. 강당에 모인 300여 명의 직원들, 하나같이 고개를 떨어뜨리고 있다. 무거운 적막이 장내를 엄습한다. 지구의 종말(終末)이라도 왔단 말인가.

　그때다. 순간, 머리를 스치는 것이 있다. 이대로 가면 '현장이 죽는다―'는 생각. 그렇다고 그냥 넘어갈 수는 없지 않은가. 용서할 수 없다. 잘라야 한다. 아니다. 손해보고, 사람 잃고. 흔들린다. 혼란하다.

　나는 말을 잃고 직원들을 다시 내려다 봤다. 회사가 알아주는 엘리트 박 소장, 직원들이 따르는 김 부소장, 지금은 의기소침하여 웅크리고 있지만 모두가 우리의 최정예 요원들이 아닌가.

　문득, 읍참마속(泣斬馬謖)의 고사(故事)가 생각났다. 공명(孔明)인들 얼마나 마속이 아까웠으랴. 그러나 끝내는 칼을 뽑아 들지 않았던가. 마음이 약해져선 안 되지. 마속의 고사는 천여 년의 교훈이 아닌가. 혼란스럽다.

　예정대로 이 간부들을 내쳐? 응징은 되겠지. 그럼 회사가 얻는 것은 무엇인가? 손해 보고, 사람 잃고, 신용 떨어지고. 마속의 고사가 항상 정답은 아닐 것. 오냐, 지금 내 생각대로 한번 기회를 주어 보자.

　"제군, 사람이란 실패도 하고 실수도 한다. 문제는 그 실패를 '어떻게 만회하는가.'이다. 여러분은 회사에 500억의 손해를 입혔다. 큰 빚을 진 것이다. 빚을 갚으라. 일 년을 주겠다. 빚만 갚으면 누구에게도 책임을 묻지 않겠다."

　장내가 술렁거렸다. 서로 얼굴을 쳐다본다. 자기들 귀를 의심하는 듯했다. '빚만 갚으라고?' 내 말이 믿어지지 않기 때문이다.

당연히 불호령이 떨어지고, 면직에 감봉조치가 뒤를 이어야 하는데 '빚만 갚으라.'로 끝났으니 혼란스러울 수밖에. 동석했던 본사 간부들도 놀란 나머지 멍하니 나를 쳐다본다.

훗날 얘기지만 그날 밤 소장 이하 직원들은 부둥켜안고 울었다고 한다. '기필코 회사에 보답하자!'고 맹세하였다는 것.

그로부터 현장은 마치 돌격을 앞둔 공격부대와 같았다. 팽팽한 긴장과 지극한 정성(精誠)이 발전소를 일 년 내 감돌았다. 소장을 중심으로 350명 전 직원이 한 덩어리가 되었다.

일 년의 세월이 흘렀다. 영국의 NEI(Nuclear Engineering International)가 '85년도 원자력 발전소 이용률 '세계1위'를 발표하였다. 대한민국 월성1호기. 바로 작년에 큰 사고를 낸 주인공이다. 당시 세계적으로 운용 중이던 271개 원자력 발전소 중 월성이 이용률 98.4%라는 놀라운 기록을 수립한 것이다. 이것은 중수로의 종주국 캐나다도 세워보지 못한 기록이다.

월성원자력 발전단지에 가면 지금도 당시를 기념하여 세운 멋진 기념탑(記念塔)이 있다.

3. 비밀은 없다

이야기는 여기서 끝낼 수 없다. 박재준 과장 얘기다. 끔찍했던 사고 당일, 누구도 흉내 낼 수 없었던 박 과장의 의(義)로운 행동이 영원히 파묻혀 버린 것이다. 27년의 세월이 흘렀다.

2011년 대구세계육상선수권대회 준비로 한창 바쁠 때였다. 대구에 갈 일이 생겼다. 한전을 떠난 지도 20여 년이 넘었지만, 늘 하던 식으로 한전 직원들을 점심에 초대했다. 조성훈 대구본부장과 최문수 기획실장도 동석했다. 화제(話題)는 자연히 석달 전 일어난 후쿠시마 원전사고로 이어졌고, 마침 내가 읽은 후쿠시마 발전소장 요시다의 용감한 리더십도 화재(話材)가 되었다. 그런데, 최 실장이 느닷없이 이런 말을 하는 것이다.

"회장님, 우리 월성 때도 과장 한 사람이 목숨을 걸고 원자로에 들어갔습니다."

"뭐라고?" 깜짝 놀랐다.

"……."

"다시 말해봐" 다그쳤다.

"……."

아차, 이건 묻어두기로 한 비밀인데…. 이제야 최 실장은 정신이 번쩍 든 것이다. 큰일 났다. 박 사장은 무서운 얼굴을 하고 있다.

"원자로 속에 들어가다니? 사장인 나도 모르는 일이 어디 있소?"

"사실은 ….."

엎질러진 물이다. 이실직고하는 수밖에 없지 않은가.

그의 얘기는 계속됐다. 기어들어가는 목소리다.

'자기는 당시 자재과장으로 박 과장의 행동을 처음부터 지켜보았는데, 사건 당일 모두가 어쩔 줄 모르고 있을 때 박 과장이 자청해서 시신 수습용 로프를 몸에 감고 원자로에 들어가 사건을 수습할 수 있었다'는 것이다.

"뭐라고?"

내 입이 절로 벌어졌다.

아니, 이 대명천지(大明天地)에 어떻게 그런 비밀이 지켜진단 말인가. 더구나 그런 의로운 행동이 30년 동안이나 묻힐 수 있단 말인가?

내가 사장인 시절에 일어난 사건이 나도 모르게 방치되었다니. 나는 참을 수가 없었다.

"여보, 당장에 그 박 과장을 만나게 해 주시오." 화가 났다.

"알겠습니다." 주눅이 잔뜩 든 최 실장이 기어들어가는 소리로 대답한다.

일주일 후, 박 과장을 만날 수 있었다.

"아! 당신이…!" 나는 말을 잇지 못하였다.

어수룩한 시골 영감? 머리가 희끗희끗하였다. 울산에서 올라

오는 길이란다. 서로 쳐다보며 웃기만 하였다. 나는 만감이 교차하였다. 그도 마찬가지였으리라. 무슨 긴 말이 필요하랴.

그와 헤어진 후, 나는 가만히 있을 수가 없었다. 어떻게든 보상해 주고 싶었다. 명예롭게 해 주고 싶었다. 그 힘이 지금 내겐 없지 않은가. 유감이다.

며칠 후 당시 사장 김쌍수 씨를 만났다. 자초지종을 설명했다. 놀란 입을 다물지 못하던 김 사장,

"알았습니다."

대답은 간단하였다. 역시 훌륭한 CEO는 달랐다. LG 출신. 순수 민간기업 CEO가 한전 사장으로 기용된 첫 케이스. 한전이 새로운 기업문화에 접할 수 있었던 것은 매우 의의가 있는 일이다. 김 사장은 재임 시 UAE 원전 수출계약을 성사시키는 데 크게 공헌하였다.

2011년 7월 1일, 회사 창립 50주년 기념일이다. 지난 50년, 가장 공로가 큰 열 명의 수상자 가운데 한 사람으로 박 과장은 단상에 섰다. 이 날, 지난 30년 동안 묻혀 있었던 또 다른 공로자, 원자력 기술자립에 핵심적 역할을 한 신규사업반의 임한쾌 처장과 정건 처장도 포함되어 있었다.

흔히 정의(正義)가 통하는 사회를 운위(云謂)하지만, 그렇게까지 거창하게 나갈 것 없다. 노력을 알아주는 사회, 땀을 귀히 여기는 사회, 남의 공로를 인정하는 사회만 되어도 좋다. 진즉에 인정받았어야 할 그들의 업적이 30년이 지난 지금에야 보상받는다

는 것이 유감이다. 부끄러운 일이다.

　정확히 27년 만에 하마터면 영원히 묻혀버렸을 의로운 한 사나이의 공덕이 햇빛을 보고, 하찮은 시기심으로 묵살되었던, 원전 기술자립이란 비길 데 없는 공로를 이룩한 임한쾌, 정건 두 분이 늦게라도 인정을 받은 것은 다행이다.

제10장

제10회 86아시아경기대회

1. 회장이 뛰라

1986년 9월, 한국은 아시아경기대회를 개최하게 되었다. 그동안 많은 국제대회를 열었지만 모두가 단일 종목의 대회였다. 전종목을 망라한 대규모 국제대회는 이때의 아시안 게임이 처음이다. 따라서 정부가 정성을 많이 들였다. 특히 1970년 제6회 대회를 유치까지 했다가 반납했던 터라 필요 이상의 신경을 쓰는 것 같았다.

정부는 대회를 앞두고 각 경기단체의 실태를 조사했다. 유감스럽게도 제대로 관리가 안 되고 있었다. 즉각 경기단체들을 각 기업에 맡겼다. 포철은 체조, 현대는 수영, 삼성은 레슬링 등, 이때 한전이 맡은 단체가 육상연맹이다. '85년 1월의 일이다.

나도 임무를 맡은 이상 바로 연맹의 실태를 조사하였다. 문제가 적지 않았다. 무엇보다 큰 문제가 선수들의 기량과 수준이었다. 우선 대회 주최국으로서 체면 유지가 어려운 수준이다. 육상은 기록경기이다. 심판이 판정하는 경기와는 다르다. 모든 기록이나 순위는 정확한 시간과 계수로 판정된다.

선수 육성은 하루아침에 되는 게 아니다. 대회까지 1년 남짓한 시간밖에 없다. 육상은 45개 종목에 메달이 가장 많이 걸린 분야이다. 한전의 책임이 막중함을 느꼈다.

부임과 동시 육상 전문가와 코치들을 불러 대책을 수립했다. 선수 기량을 향상시키는 길은 훈련밖에 없다. 대회 전까지의 가용한 시간을 최대로 활용, 전에 없던 국내외 훈련을 강화했다.

6개월 후에 기록 점검을 해 보았다. 내 성급함이 좀 지나친지는 모르나 예상했던 기대치에 너무 모자란다. 모질게 몰아붙였다. 급할수록 돌아가란 말도 있지만 자칫하면 게으른 녀석들에게는 핑계만 줄 뿐이다. 경우에 따라 잘 조절해야 한다.

훈련은 역시 군대식이 최고다. 전투를 대비한 훈련이다. 얼마나 효율적이겠나. 군대라고 별난 수가 있는 것은 아니다. 과학적으로 한다는 게 다를 뿐. 과학적이란 제대로 한다는 것이다. 합리적으로 한다는 말이다. 대개 실패하는 조직은 바로 일을 '제대로'를 안 하기 때문이다.

나는 '제대로 하는가'만 감독하였다. 그것만으로도 비명이 나오고, 불평이 터져 나왔다. 이럴 때 봐주면 안 된다. 밀어붙였다. 계속 불평하면 퇴출시켰다. 땀 흘린 만큼 성과는 오른다. 고난을 겪어봐야 단결도 된다. 그래야 사기도 오른다. 흔히 '오냐, 오냐' 가 사기 올리는 것으로 알고 있는데 큰 착각이다. 난관을 뚫고 고난을 이긴 그런 조직만이 사기가 충천하는 법이다.

'제대로' 한 것 같은데 결과는 속에 안 찬다. 걱정이 많이 되었다. 제대로 했다고 생각했는데 왜 안 되는지. 제대로가 안 통하면 나는 방법이 없지 않은가. 고민은 쌓여갔다.

1년의 세월이 훌쩍 지나갔다. 기록 향상은 별로 없었다. 2급 선수들의 성장은 괄목한데 1급 선수들의 기록이 답보 상태. 1급 선수들이 잘해야 메달을 따는 것인데 – 그들이 부진하니 사람을 정말 초조하게 했다.

원래 육상에서 예상 금메달은 남자 200m 뿐이었다. 장재근 선수. 아시아 챔피언. 기록은 20초 41. 당시는 아시아에서 당할 자가 없었다.

지난 1년, '제대로' 훈련한다고 생각했는데 성과가 없다. 200m 외에는 어느 종목에서도 금메달이 보이지 않는다.

그런데 정부는 금메달 목표 둘을 부과하였다. 나는 즉시 이의를 달았다. 우리 실력이 하나밖에 안 되니 하나로 줄여달라고 청하였다. 그리고 지난 일 년 동안의 결과도 보고했다. 시간을 더 주면 모르거니와 내 재주로는 임박한 대회에 금메달 둘은 무리라고 솔직히 고백했다.

체육부는 부동이다. '45개나 되는 금메달 중 하나가 무어야? 무조건 둘이다.' 나도 가만히 있을 수 없었다. '누군들 하나만 따고 싶겠나? 지난 일 년, 강훈(強訓)에 강훈을 거듭했는데도 성적

이 안 오르니 방법이 없지 않은가?' 체육부 쪽은 '이유 없다. 둘이
다.'로 못을 박는다. 나의 항변은 계속되었다. '우리 한전에 준 목
표는 실제 획득 가능한 메달의 두 배다. 다른 연맹에도 획득 가능
양의 두 배를 주었다면 정부가 목표로 하는 수의 반은 빈껍데기
란 말이 아닌가? 그렇다면 경기 후 결과를 놓고 위에는 무어라고
설명할 것인가?' 그러나 '목표가 없는 계획이 어디 있나?' 체육부
의 고집은 변함이 없다.

사실은 육상에 걸린 금메달만 45개인데, 우리보고 두 개만 따
라는 것도 나로서는 자존심이 상하는 일이었다. 그러나 어찌하
랴. 제대로 해도 안 되는 것을! 속이 타고 상했다.

대회 100일을 앞두고 체육부는 아시아대회 준비 대국민 보고
회를 연다고 하였다. 국민대회는 또 무슨 국민대회? '이영호(당
시 체육부장관 - 가까운 친구였다.)가 누구 망신시키려고 작정을
했나?' 속이 불편했다.

대회 당일 참석해서 보니 대통령을 포함 각부 장관과 당시 두
야당의 당수 김영삼, 김대중 씨를 비롯하여 전국의 주요 사회단
체장까지 초청이 되었다. 큰일 났다는 생각이 들었다. 국민은 한
전 같은 큰 회사가 겨우 금메달 두 개냐고 실망할 게 아닌가. 심
기가 몹시 불편했다.

드디어 브리핑이 시작되었다. 수영, 권투, 체조, 레슬링 연맹 등
을 차례로 호명하며 연맹별 금메달 획득 목표를 발표해 나갔다.
육상연맹 차례가 되어 "육상, 금메달 둘!"이라고 기획실장이 발

표를 했다. 순간, 나는 손을 들고 일어섰다.

"우리 육상은 특성상 금 하나밖에 못 따겠습니다."

만장을 향해 딱 부러지게 천명하였다. 모든 시선이 일제히 내게 쏠렸다. 장내가 술렁이기 시작하였다. 설명하던 기획실장의 안색이 하얗게 질린다. 이 장관이 상기된 눈으로 나를 노려본다. 장내는 심연(深淵) 같은 정적이 흘렀다. 회의장 내의 시간이 멈춘 것만 같았다. 누구도 나서서 말할 수 없는 상황이 되었다. 잠깐이었을 것이다. 그러나 영겁(永劫)같이 느껴지는 순간,

"그러면 박 회장이 뛰라!" 전 대통령의 지시다.

와- 장내는 웃음소리로 꽉 찼다. 어색한 분위기가 일순간에 걷혔다. 참으로 기지(機智) 있는 지시였다. 그러나 무서운 명령(命令)이다.

장내는 다시 조용해졌고, 브리핑은 계속되었다.

그러나 큰일 난 것은 나였다. 그게 진(眞) 반 농(弄) 반이라도 국가 원수의 말씀은 지엄(至嚴)하다. 한전 목표는 금메달 둘로 굳었고, 더 큰 문제는 사장인 내가 뛰게 생겼다. 뭐 좀 따지겠다고 나섰다가 몽땅 뒤집어 쓴 꼴이 되었다. 남들은 웃었지만 나는 심각했다. 금메달 둘은 불가능하다. 지난 1년 해보아서 잘 안다. 그것도 제대로 했는데. 절망감이 몰려온다. 대책도 없이 고민하

는 날들만 흘러간다.

'제대로'에 대한 실망감이 더 컸기 때문이다. 간단치 않은 게 세상일이구나—. 상념(想念)만 깊어갔다.

2. 기도가 있는데 무얼 고민하는가?

괴로운 나날이었다. 대회는 가까워 오고, 아이들 성적은 안 오르고, 결국은 나까지 뛰게 되었으니 참으로 심신이 고단하였다.

특히 '제대로'에 대한 나의 실망이 컸다. 왜 안 되는가? 코치나 선수들은 제대로 했는데. 고민에 빠졌다. 무엇이 문제였나? 허점은 어디 있었나? 따지고 들었다.

문득 생각이 멈춘다. 그렇지. 너무 서둘렀다. 지긋하게 시간을 주었어야했다. 급한 마음에 사람만 다그쳤다. 사람 말고도 제3의 요소들이 많은데 족치기만 했다. 세상만사 영글고 익으려면 일정시간이 지나야 하는 것. 특히 운동기량은 시간이 좀 지나야 효과가 있는 것. 이때는 돌아가는 지혜를 활용했어야 옳았다. 시간을 주고, 참고, 기다리는 여유를 못 가진 것이다. 결국 제대로 하질 않은 것이다. 사람만 들볶았지 시간을 생각지 않았던 것이다. 그러나 어찌하랴. 대회 날은 임박했으나 '제대로'가 안 되는 것을.

하루는 과천의 정부청사로 가는 길에 어느 교회 옆을 지나게 되었다. 교회 종탑에 큼지막한 간판이 붙어 있다.

'기도가 있는데 무엇을 걱정하십니까?'

정신이 번쩍 들었다. '기도(祈禱)가 있다고?' 걱정을 왜 하냐고? 가슴이 찡하다. 그렇지, 기도가 있지.

다음 날 새벽, 기사를 일찍 불러 종합운동장으로 갔다. 어둠 속에 경비경관이 길을 막는다. 대회를 앞두고 경기장에 아예 정식 경찰서를 설치하였다. 이 대회 유치 때부터 북한은 많은 방해를 해 왔기 때문이다.

양해를 구하고 안으로 들어가 먼저 트랙을 한 바퀴 돌았다. 그리고 높이뛰기, 넓이뛰기 경기장을 돌아 스탠드로 올라갔다. 멀리 하늘을 바라보았다. 아직도 동이 트려면 한참은 있어야 할 것 같다. 고개를 숙이고 기도했다. 마음을 다하여 기도드렸다. 선수들의 선전(善戰)을, 한전의 명예(名譽)를 빌었다.

다음 날도 같은 시간에 운동장에 갔다. 똑같은 요령으로 돌고 기도 드렸다. 다음 날도, 또 다음 날도…. 보름 쯤 지났을 때다. 서장이 나를 맞았다. 반갑게 인사한다. 모르는 사람이다. '부하들한테 보고를 받았겠지….' 나도 정중히 답례했다.

우리는 나란히 스탠드에 앉았다. 어둠 속에 두 사나이는 멀리 해가 뜰 동쪽 하늘을 바라보았다. 어슴푸레 남한산성이 눈에 들어온다. 스탠드에 앉아서도 그는 별 말이 없었다. 우리는 피차의 심정을 이해하고 있는 것이다.

처음 부하 경찰의 보고를 받고는 다소 의아하게 생각했을 것이다. 새벽이면 한전 사장이란 사람이 할일 없이 운동장에 들렀다 간다니 이상했을 것이다.

"누구야? 뭐 하는 사람이야?" 꼬치꼬치 따졌을 것이다. 조사도 하고. 그리고 느꼈을 것이다.

'오죽하면….' 내 마음을 읽었을 것이다.

그도 서장이 되기까지 산전수전(山戰水戰) 다 겪은 사람. 엊그제는 김포공항에서 폭발사고까지 있었다. 간첩이 쓰레기통에 넣은 사제폭탄이 터지는 바람에 여러 사람이 죽었다. 대회 보름 동안 스타디움에는 80,000여 명의 관중이 들어선다. 어디서 어떤 사고가 날지 아무도 장담 못한다. 났다하면 대형사고다. 그의 걱정은 나보다 더 할 것이다.

책임자란 외롭다. 어둠 속에 말없이 앉은 두 사람, 책임의 무게만큼 우리의 침묵도 무거웠다. 남한산성 쪽 하늘이 뿌옇게 밝아온다. 먼동이 트려나.

"오늘은 날이 좋겠습니다."

내가 침묵을 깼다. 위로한다는 말이 엉뚱한 표현이 되었다.

"고맙습니다."

엉뚱한 답이 돌아왔다. 우리는 마음이 통한 것이다.

짐을 진 사람은 나만이 아니라는, 동병상련은 언제나 서로의 위안이다. 두 사람은 한동안 말없이 앉아 있었다. 마음이 편안해진다.

　대회 직전까지 형편이 허락하는 한 운동장 방문을 빠트리지 않았다. 세월은 빠르다. 급한 일 있는 사람, 날 잡은 사람들에겐 더 빠르다. 대회 날은 가까워 오는데 좋은 소식은 없다. 걱정만 쌓여갔다.

　대회를 보름쯤 앞둔 어느 날, 성보여고 김번일 선생이 찾아왔다. 임춘애라는 학생을 가르친다고 하였다. 2학년 학생인데 800 기록이 가당치 않게 올라가고 있다고 하였다. 아직은 아시아 일인자, 중국의 양류시아(梁柳霞)의 기록에 미치진 못하나 한 달 전부터 기적 같은 급격한 상승곡선(上昇曲線)을 그리고 있다는 것이다. 따라서 열흘 후 경기 때는 한번 겨루어 볼 만하다는 것. 임춘애는 당시 한전이 전국의 꿈나무 50명을 선발, 월 30만원씩 지원하는 학생 중 하나였다.

　옳거니, 이 녀석만 금을 따면 장재근의 200과 함께 금메달이 둘이 된다. 됐다. 한번 해 보자! 내가 안 뛰어도 되고.

　기도의 효험이 이렇게 빨리 나타나다니. 신기하고 감사했다.

　"김 선생, 춘애는 대회선수촌에 넣지 마시오. 그 애 기록 새나가지 않게 보안 유지하고…."

　단단히 부탁하였다.

　비밀병기는 감추는 게 좋다. 경기일까지는 태릉선수촌에 그대로 두게 하였다. 대회선수촌에 넣으면 선수 단속이 어렵다.

　드디어 임춘애 출전 날이 왔다. 출근길에 김문경 비서가 뒤 돌아 보며 은근히 말을 건다.

"사장님, 오늘 금메달 하나가 보인답니다."

"무슨 소리?" 그는 임춘애의 출전을 모른다. 너무도 의아했다.

"어디서 그런 소리를 들었나?"

"외람되지만 제가 만나는 사람이 있지요."

"누군데?"

"아, 그거 말씀 드리기 거북합니다." 호기심을 부쩍 자극한다.

"이 사람아, 누구야?"

"저기… 스님입니다."

"뭐? 스님?" 바짝 달아오른다.

"박 기사, 달려. 사무실로 빨리 가자."

회사에 도착하기가 무섭게 김 비서를 불렀다.

"자초지종을 말해봐!" 근엄하게 물었다.

자기가 좋아하는 스님이 하나 있는데 신기(神氣)가 있어 무얼 좀 본 다는 것. 엊그제 우연히 찾아갔더니 '너희 사장 오늘 메달 한개 따게 되어 있다'는 것이다. 놀랐다. 기뻤다. 오늘 뭐가 되어도 될 모양이구나. 마음이 착 가라앉는다.

"이봐, 그 스님 한번 볼까? 나중에."

내겐 너무도 큰 위안이었다. 신도 난다. 그러면 그렇지, 내가 제대로 하긴 했지. 건방진 생각까지 든다.

드디어 역사적 순간이 왔다. 여자 800m 출발선에 결선주자

(Finalists)들이 정렬했다. 8명이다. 저 중에 누군가가 금메달을 딴다. 물론 임춘애가 따야 한다. 가슴이 조여 온다. 답답해서 숨을 몰아쉰다.

가냘픈 임춘애가 보인다. 집안 형편으로 라면만 먹고 뛰었다는 불쌍한 소녀. 그러나 사실은 매스컴이 만든 전설이다. 고기도 먹고, 뱀탕도 먹었다. 아시아 1인자 양류시아도 보인다.

'춘애야, 류시아만 꺾어라. 다른 것은 볼 것도 없다. 달려라. 달리고 또 달려라.'

"탕" 소리와 함께 선수들이 일제히 튀어나간다. 800은 두 바퀴다. 첫 400은 몰려서 달린다. 혼전이라 분별이 어렵다. 한 바퀴만 남을 무렵, 역시 중국 류시아가 선두에 섰다. 춘애는? 바로 뒤에 바짝 붙어 있다. '옳지. 잘한다.' 500m를 지났을 때, 8명이 둘로 갈라졌다. 넷이 조금 앞서고 넷이 조금 처진다. 꼴찌의 둘이 또 쳐진다. 선두의 넷은 사이를 더 벌린다. 600m를 지났다. 스피드가 붙기 시작한다. 700을 넘었다. 가속이 붙으면서 선두 세 명만 남았다. 최고 속도를 내기 시작한다. 질풍같이 달린다. 선두 류시아, 다음이 춘애, 다음이 인도의 쿠리신칼 아브라함이다. 세 선수의 간격은 불과 한 두발 차이, 골인이 20m 남았다. 15m, 10m, 여전히 순위는 바뀌지 않는다. 가슴이 폭발할 것 같다. 앞으로 5m. 돌연 춘애가 류시아를 제쳤다. 일제히 일어섰다. 춘애가 선두를 달린다. 춘애가 일등이다. 나는 눈앞이 캄캄하였다.

"와- **와--**" 스타디움이 떠나간다. 그대로 두면 폭발할 것 같다. 내가 먼저 폭발하겠다. 모두가 두 주먹을 불끈 쥐었다. 위로 내지른다. 앞사람을 내리치는 사람도 있다. 나는 지금 어디 있는가? 너는 누구냐? 지금 우리는 왜 악을 쓰는가? 너도 없고 나도 없다. 오직 1등 춘애만 있다. 5m, 3m, 2m, **아뿔싸!** 하는 찰라, 인도 선수가 춘애를 앞질렀다. "**와------ - - - - -**",

1등 인도! 2등 춘애! 3등 류시아!

나는 눈을 감았다. 그제야 깊은 숨을 내쉰다. 절망의 한숨인가? 아니다. 절망도 아니다, 아무것도 아니다. 하늘이 뻥 뚫린 것만 같은 공허감. 그리고 그 속으로 빨려 들어가는 무중력감. 나는 말 없이 일어섰다. 주위의 인사를 받는 둥 마는 둥, 그 자리를 무작정 뜨고 싶었다.

스탠드의 일부 사람들이 빠져나간다. 주경기가 끝난 것이다. 불과 얼마 전의 열기와 흥분은 간 곳이 없다. 한구석에 자리를 잡고 앉았다. 내리 누르는 이 중압감. 이 답답함. 내 기분을 아는 사람들은 내 곁에 올 생각을 안 한다. 나는 눈을 감고 있었다. 이렇게 허무할 수가. 다 된 일등을 놓치다니!

얼마나 지났을까? 연맹의 사무차장 이규섭이 조심스럽게 다가왔다. "회장님--" 처음엔 못 들었다. **"회장님!"** 나는 눈을 떴다.

"저… 말입니다……." 말을 얼른 잇지 못한다.

"뭐야!" 퉁명스럽게 되묻는다.

"그게 말입니다….."

"빨리 말해!" 이 차장이 잘못 걸렸다.

"빨리 말하라니깐-"

"인도 선수 말입니다. 실격입니다!"

"……?" 나는 어이가 없어 쳐다보기만 하였다.

"뭐? 실격이라니!" 나는 정신이 번쩍 들었다.

"실격이라면 춘애가 일등이란 말이 아니냐?"

"그렇다니까요!"

"그럼 진즉 얘기할 일이지, 왜 꾸물거리느냐 말이다."

공연한 트집이다. 너무 좋아서. 주체를 못 해서. 그냥 날 것만 같아서.

"이거 봐, 차근차근 얘기해 봐요." 내 태도가 달라졌다.

이 차장의 설명은, '인도선수는 Open Race 해지선(解止線)[1] 전에 남의 레인(Lane)으로 미리 들어왔기 때문에 규정에 의해 실격'이라는 것이다.

"그럼 증거가 있어야 할 게 아니냐?"

"그래서 녹화 테이프를 준비했습니다."

"그래? 당장에 틀어. 사람들 다 빠져 나가기 전에."

곧이어 장내 방송이 나갔다. 인도 선수가 반칙으로 실격했다는

---

1   800m에서 첫 바퀴 400은 자기 Lane을 뛰다가 400을 다 뛰고 나면 그때부터 자기 lane을 벗어나 그 중 안쪽 Lane으로 옮겨 뛸 수 있는데, 인도 선수는 자기 해지선에 오기 전 안쪽 lane으로 들어섰기 때문에 실격.

안내와 함께 대형 스크린에 인도 선수의 반칙 현장을 녹화 방송했다. **"와 − −"** 다시 환성이 터져 나왔다.

임춘애는 이 대회에서 1,500m와 3,000m를 연이어 석권하는 쾌거를 이룩한다. 아시아 육상 초유의 중거리 3관왕이 된 것이다. 뿐만이 아니다. 우리 육상은 이때 4개의 금메달을 추가하여 무려 7개의 금메달을 땄다. 한국 육상의 전무후무(前無後無)한 기록이다.

그뿐이 아니다. '92년 바르셀로나 올림픽에서 황영조는 마라톤 금메달을, '96년 애틀랜타 올림픽에서는 이봉주가 은메달을 땄다. 2011년에는 세계 3대 스포츠의 하나인 세계육상선수권대회를 대구가 유치하였다. 육상의 불모지 대한민국의 대구가 독일의 슈트트가르트에 이어 두 번째로 〈세계육상도시(World Athletics City)〉로 선정되었다. 30년의 세계선수권대회 역사상 대구가 가장 멋지게 대회를 치렀기 때문이다. 세계적 육상 웅도(雄都) 런던도, 베를린도, 모스크바도 이 영예를 따지 못했다.

기도는 위대(偉大)하다.

제11장 ━━━━━━━━━━━━━━━━

신나는 직장(職場)
살맛나는 한전(韓電)

1. 기업이념(企業理念)

기업을 법인(法人)이라고 한다. 심장은 안 뛰지만 한 인격과 같이 기업도 권리와 능력을 인정받는다. 그렇다면 기업에도 격(格)이 있어야 할 게 아닌가. 국격(國格), 인격(人格)이 있듯이.

회사가 하는 일은 뜻이 있어야 한다. 지향하는 가치와 목표가 고매해야 한다. 이를 위해 경영방침이 나오고, 경영철학이 나오고, 이에 따른 직원들의 행동양식이 어우러져 소위 기업문화(企業文化)가 형성된다.

'80년대 초만 해도 '기업문화', '기업이념' 같은 용어는 잘 쓰지 않았다. '경영방침,' '경영철학' 정도가 대세였다. 대기업이 막 발돋움 할 때이고, 생존을 위한 이윤추구에 급급했기 때문이다. '사람중심', '인간존중 경영' 같은 용어도 그 뒤에 유행한 말이다. 이렇듯 기업이 지향할 가치나 이념에 대해 관심을 두거나 고민하는 분위기는 아니었다.

그러나 한전은 달라야 한다고 생각했다. 이윤추구라는 기업의 일차적 목표도 중요하지만, 사업의 특수성을 고려할 때 '사회적 역할(役割)'도 소홀히 해서는 안 된다고 생각하였다.

한전을 더 알게 되면서 더더욱 한전의 사업은 단순한 비즈니스로 시종(始終)해선 안 된다고 생각했다. 한전이 양질(良質)의 전력을 풍부하게, 안정적으로, 또 싸게 공급하면 국민생활은 향상되고 풍요로운 사회 건설이 가능해진다. 한전이 〈에너토피아〉까지 이룬다면 국가는 에너지 가난에서 벗어난다. 한국전력은 국가 중요 기간산업체 이상의 사명과 존재이유가 있다.

대한민국 방방곡곡 전 국민이 우리의 고객이요 수용가다. 한전 말고 그런 기업이 어디 또 있다던가. 하물며 당시 한전의 살림살이는 '83년 국가예산 10조 4,000억원의 절반에 가깝고, 국민 총생산의 일할에 육박했다. 얼마나 의미심장한 회사인가?

전력은 모든 에너지 중 이용이 가장 편리하고 간단하다. 그리고 깨끗하다. 좀 비싼 게 흠이다. 그러나 전기가 우리 일상생활에 미치는 영향력과 연관성은 이루 말할 수 없이 막중하다. 자동차는 없이도 살지만 전기가 없으면 당장에 냉장고와 엘리베이터가 선다. TV와 전화도 끊긴다. 편리한 생활, 풍요로운 사회는 전기

없이는 상상도 할 수 없다. 전기의 기능과 역할은 곧 인류문명의 발전에 직결된다.

따라서 우리가 지향해야 할 이상(理想), 이를 위한 사상(思想)으로 '전력문화(電力文化)의 창달(暢達)'을 기업이념으로 정하였다. 한전의 준재 이봉래가 주관하였다. 비약이 심하다는 의견도 있었다. '에너토피아'로 하자는 의견이 우세했다. 반대했다. 내가 세운 목표를 채택할 수는 없지. 이념(理念)은 사상(思想)이다. 고매해야 한다. 현실과는 좀 떨어져야 한다. 손에 닿을 듯 닿을 듯하면서 현실보다는 항상 한 발짝식 앞서가야 한다. 너무 멀리 달아나도 안 된다. 한발 앞선 거리에서 손을 내밀고 있어야 한다.

역사는 연대(連帶)의 소산이다.[2] 인연이라고 해도 좋다. 신(神)과 인간의 연대, 자연과 인간의 연대, 인간과 인간의 연대가 사건을 낳고 역사를 이룬다. 신과 인간의 연대에서 인간이 빠진 종교를 상상할 수 있는가. 인간과의 연대가 없는 자연과 우주(宇宙)는 그대로 산과 들이요, 허공을 떠도는 별일 뿐이다. 연대가 끊겨진 인간은 한 인간일 뿐, 사회적으로, 문화적으로 아무런 의미가 없다.

문화(文化)의 창달도 이상과 현실의 연대에서 가능해진다. '전력문화의 창달' 또한 한전과 수용가와의 연대에서 이루어지는

---

2 '연대론'은 20여 년 전 졸저에서 주장했던 역사관의 한 단편이다. (졸저, 《어느 할아버지의 평범한 문명이야기》, 삶과꿈, 1995, pp. 29-33. 참조.)

것. 이상과 현실이 연대하듯, 수용가와는 정신적 유대도 중요하다. 정신적 연대는 어떻게 이루는가? 신뢰와 사랑이다. 신뢰와 사랑은 봉사를 통해서다. 무한 봉사, 끝까지 돌보는 것이다. 정신적 소통으로 신뢰와 사랑의 연대를 맺는다. 월말 전기료 정산(精算)만으로 끝나지 않는, '믿음과 사랑받는 한전'이 되는 것이다.

한전만이 사랑 받는 기업이 되어서 되겠는가? 아니다. 삼성도 사랑받고 LG도 믿고 사는 기업이 되어야 한다. 사람 있고 기업도 있는 법, 삼성도 LG도 소비자와의 연대에서 기업은 존립한다. 고객이 없는 기업을 상상할 수 있는가?

소비자와의 건전한 연대가 이루어지지 않는 한 노사문제, 환경파괴, 사회혼란 같은 비생산적 비용은 끝이 없을 것이다. 소비자와의 깊은 연대는 어느 기업이나 지향해야 할 목표가 되어야 한다.

기업의 궁극의 목표는 무엇인가? 보다 나은 세상을 만드는 거다.

이제 새로운 시대의 경영론을 다시 써야하고, 경영자 상도 달라져야 한다.

우리 유소년 축구 양성은 훌륭한 소통의 하나였다. 수용가와의 대화, 지역사회와의 연대이다. '전기에너지대상'도 매스컴을 통한 학계와 산업계와의 연대이다. 축구를 통한 신뢰의 연대, 매스컴을 통한 격려와 소통은 믿음의 연대를 이루어 문화의 창달까지로 이어지는 것이다.

어느 사장 때인가 경영합리화를 명분으로 유소년 축구를 중단하였다. 사회적 약속을 저버린 한 언론은 가꾸어야 할 제도를 폐기처분하였다.

경영합리화는 물론 중요하다. 그러나 국민이 신나는 것도 중요하다. 국가의 명성이 오르는 것은 더 뜻이 있다. 한국전력 정도면 구름 위의 태양을 보아야 한다. 역사에 동원된 한전이다. 역사 앞에서 스스로를 돌이켜보자. 지평 넘어 전개될 새로운 세계를 생각하자.

2. 무엇이 문제인가?

한전은 국가 기간산업이라는 부동의 기반 위에 전력사업을 독점한 거인. 겁날 것도 아쉬울 것도 없었다. 자극과 경쟁이 없으면 조직은 활력(活力)을 잃는 법. 오늘이 내일이고 내일이 오늘인데 용쓸 이유가 없다. 한전은 현실에 안주하는 오만한 거인으로 변모해 있었다.

우리의 문제는 무엇이었나? 생각이다. 세상을 보는 눈이다. 의식개혁(意識改革)이다. 무엇 때문에? 역사의식을 불어넣고, 역사에 동원된 자신을 깨닫게 하고, '에너토피아' 건설에 매진토록 하기 위해서다.

따라서 부임하던 '83년은 '생동하는 한전'이라는 기치 아래, 행동지침을 실천하고, '84년은 '믿음과 사랑 받는 한전' 이란 구호로 국민 봉사기업으로서 신뢰구축에 전념하였다. '85년에는 '신나는 직장, 살맛나는 한전'을 표방하며 공존의 윤리와 인간성취를 지향하고, '86년엔 '미래를 창조하는 일류한전(一流韓電)'으로 이념무장을 도모하였다. 흔히 구호는 선언으로 끝난다. 따라서 부임 초 선발된 '행동지침 선도요원'들이 앞장서 구호만이 아닌 행동을 독려하였다.

'85년 CIP를 시행하여 기업이미지를 대외적으로 높이고, 럭비운동을 장려하여 희생정신과 감투정신을 고취했다. 사원정신인 '개척정신(開拓精神)'을 키우기 위해서다.

'86년부터 MV(Management Vitality)운동을 전개하였다. MV운동은 '70년대 말, 독일에서 시작한 '소집단경영' 원리를 응용한 경영활성화 운동이다. 전 사원을 10명 내외로 조직, 약 1,500개의 소집단으로 구성하여 분야별로 당면한 문제들을 토의케 하였다. 토의 내용은 사장의 경영방침으로부터 당면한 과제에 이르기까지 광범위하였다.

MV운동의 최대 장점은 소통이다. '함께 알고, 함께 이야기하고, 함께 일한다.'는 '소집단경영'의 기본 원리다. 사장실에 앉아서 지시만 내리면 남의 동네 얘기로 들리기 십상이다. 분임토의 때 사장 경영방침도 도마 위에 올려놓고 따져본다. 사장의 기분을 조금은 이해하게 된다. '아하-, 그런 뜻이었구나--.'

분임토의를 통해 아래로는 위의 의도가 굴절 없이 전달되고, 또 위에서는 아래의 살아 있는 정보를 파악할 수 있었다. 신뢰와 공감이 넘치는 조직, 톱과 말단이 소통하는 회사, 경영 전반에 활력이 넘쳐났다.

3. 신나는 직장

직장은 인생의 승패가 걸린 승부처이다. 자기실현의 도장이요, 사회에 공헌하는 조직이다. 하루의 1/3을 보내는 곳, 인간적 유대가 남다른 곳, 전력투구하는 곳, 자기의 꿈을 실현하는 곳, 때로는 감동하고, 때로는 눈물도 흘리는 곳이 직장인데, 직장 말고 어디서 또 신명을 찾을 것인가. 행복한 가정, 밝은 사회, 튼튼한 국가를 만들려면 우리는 모름지기 살맛나는 일터, 신나는 직장부터 만들어야한다.

신나는 직장은 기업이념만으로는 안 된다. 강건한 육체, 건강한 정신의 연대가 완전한 인간을 만들 듯, 건강한 조직, 고매한 정신의 유대로 사랑받는 직장이 된다.

이념 말고도, 일이 있고, 좋은 집이 있고, 돈도 나오고, 보람도 있고, 우정도 있고, 승진도 있고, 멋진 상사도 있어야 한다.

나는 자회사 강당에서 취임식을 가졌다. 부끄러울 것도 특별한 감회도 없었다. 그러나 지방 순시를 하면서 이것은 고쳐야겠다고 생각한 게 하나 있었다. 사옥이 너무 낡았다. 옷이 날개라 않던가?

이웃 동네 사람들이 자기를 평가하는 것은 옷이라고 하였다. 서양 격언이다.

'83년, 초도 지방순시 때 역사의 고장 전주를 들렀을 때이다. 어느 도시에서도 느낄 수 없는 따뜻함이 있다. 고즈넉한 한옥들, 비빔밥에 콩나물국밥, 가라앉은 거리 분위기는 사람을 끌었다. 그런데 막상 우리 사옥에 들렀을 때는 당혹하였다. 사옥이 너무 낡았다. 아이의 낙제 성적표를 보는 심정이었다. 이럴 수가. 부임 때 '생동(生動)하는 한전상(韓電像)'을 외쳤던 자신. '활기 있게 걷자'고 주문했던 것은 내가 아니었나. 이 착한 사람들에게 가슴 펴라고 요구만 했지, 정작 어깨를 펼 일은 하나도 해준 게 없지 않은가.

귀사(歸社)해서 바로 담당 전무를 불러 사옥의 전반적인 실태를 보고케 하였다. '날개'가 너무들 초라하였다. 옷이 사람의 전부가 아니듯, 건물이 회사의 전부는 아니다. 그러나 아이들의 손을 잡고 회사 앞을 지날 때, '저게 아버지 회사다.'고 얘기해야 하는 아버지의 심정을 생각 안 할 수 없었다. 아내가 신나고 아들이 자랑스러워할 때 남편은 가장 행복한 법이다. 회사 형편이 어려운 것도 아닌데 왜 이렇게 살아야 하나? 지금 내가 벌이고 있는 '활기찬 한전 운동'을 위해서도 이대로는 안 되겠다고 생각했다.

곧이어 이어질 '신나는 직장, 사랑받는 한전', '초일류 한전'에 걸맞은 외모도 갖추어 주리라. 지점, 지사의 사옥 신축을 시작한 계기다.

전주지사를 일차로 '83년에 착공, '85년에 입주하였다. 설계단계에서 새 사옥에는 담을 없애도록 한 첫 사례로 기억된다. 높은 담을 쌓아 놓고 수용가와의 무슨 대화를 할 수 있는가. 공공기관이 담장을 없앤 첫 사례가 되었다. 과감한 우리의 시도에 전주시민이 환호했다고 들었다. 직원들의 가슴이 절로 펴졌을 것이다. 이념만으로는 신나게 할 수 없는 게 사람이다.

호남의 웅도(雄都) 광주지사는 약진하는 광주에 걸맞게 초현대식으로 지었다. 강릉 지사를 설계한 김진균 교수의 작품. 강릉이 최고(最古)의 전범(典範)이라면 광주지사는 당시 어느 기업도 흉내 내보지 못한 최첨단 작품이었다.

한전 명물 사옥은 또 있다. 경주지점이다.

'85년, 경주시가 시가지 재개발을 하는 바람에 한전 지점을 옮기게 되었다. 시에 특별히 부탁하여 새 부지를 분양받은 게 바로 월성 군청 옆자리였다. 군청 건물을 보고 나는 가벼운 실망을 느꼈다. 경주는 유네스코가 지정한 세계유산의 하나다. 적어도 공공기관의 건물은 도시의 격에 맞아야 한다. 그런데 막 지었다. 물론 예산도 문제가 되었을 것이다. 돈 많이 들인다고 꼭 좋은 집을 짓는 것은 아니다. 적은 예산으로도 격이 있는 집을 지을 수 있다. 관심이다. 정성이다.

'한전이 본보기를 보여 주마.' 귀경해서 관리본부장을 불러 새로 짓는 경주지점은 전통한옥으로 잘 지으라고 일렀다. '86년에 착공, 3년 걸려 지은 경주 지점은 경주시의 격을 받쳐 주는 좋은 공공 건물의 하나다.

근래 서글픈 소식을 들었다. 삼성동 본사를 팔고, 11월이면 나주(羅州)로 이사한다고?

삼성동 본사는 입주한 다음 해인 '87년, 서울시주관 평가에서 '국내 최고 사옥'으로 평가 받은 서울의 명물이다.

건축은 예술이다. 기능도 중요하고 아름다워야 한다. 기능이 시원찮으면 사원들이 불편하고, 추물(醜物)이 되면 도시 미관을 망친다. 왜 세상사람들이 파리는 꼭 보려 드는가.

건물 수명이 100년도 넘는다. 두고두고 보는 사람들의 기분을 잡치고, 후손들에게까지 피해를 준다. 건물주들이 생각해야 할 점이다.

본사 건물 외형은 확정된 상태라 신경 쓸 일이 없었지만 외부 조경과 작품 배열은 예술적으로 승화(昇華)되어야 한다. 나의 안목으로는 감당할 수가 없었다. 식견(識見)이 높은 서울신문 문태갑 사장에게 의뢰했다. 그는 즉시 작가들을 중심으로 팀을 짰다. 회화에 오승우. 그의 어른이 바로 우리나라 서양회화의 거목 오지호 화백. 오승우는 맨날 누구 아들로 불리는 것을 싫어하지만, 나는 늘 그렇게 불렀다.

한빛홀에 들어서면 바로 보이는 벽면의 800호 그림 〈낙원도(樂園圖)〉가 그의 작품. 처음 그림이 너무 전위적이라 오 화백과 싸우다시피 해서 세 번이나 고친 작품. 공연히 찝쩍여 그림을 버린 게 아닌가 싶다. 지금도 섬찍하다는 사람이 더러 있다.

조각 분야는 조소계의 중진 홍대 교수 우호(又湖) 김영중. 본관 로비의 벽면 부조가 그의 작품. 정원의 조각 '인류애'는 홍익대의 최기원 교수가 만들었고.

도예는 서울대 권순형 교수. 본청과 한빛홀 사이의 '역동(力動)'은 본래 10m 높이의 강철 굴뚝으로 본관의 배기구 역할을 하던 구조물이었다. 처음엔 누구에게나 거부감을 주는 흉물이었다. 당장에 고치라는 나의 주문에 나온 작품이 오늘날까지 직원들의 사랑을 받아 온 작품 '역동(力動)'이다. 조각의 김영중, 도예의 권순형 두 교수의 합작품.

우리 본사 조경의 백미는 역시 소나무정원일 것이다. 서울에서 처음 시도하는 3,000평 크기의 대형 소나무 정원은 장안의 화제가 되었다.

12 그루의 200년 묵은 고목을 거점으로 250여 그루의 크고 작은 우리 소나무를 사옥과 삼성동 대로(大路)가 화합하게 배열하고, 담을 없앴다. 우리 정원이지만 시민의 정원이 되었다.

조경은 일 년 사계절을 고려해서 계절 따라 즐거움을 주도록 수종(樹種)도 고르고 심는 것도 신경을 썼다. 나주(羅州)로 이사하면 연산홍이 불타던 본사 정원이 그리울 것이다.

남문에 들어서면 열 그루의 100년 묵은 향나무가 정렬해 있다. 신선균 인사처장이 1년 넘게 집요한 교섭으로 겨우 구한 향나무다. 동갑내기 고목 열 그루를 한몫에 얻는다는 것은 쉽지 않다. 이렇듯, 좋은 사옥을 만들기 위해 모두가 참여했던 것이다.

본관 준공에 맞추어 작업들이 완성되었다. 작품 하나하나는 따로 만들었지만 본사 건물과 주위 환경에 조화를 이루는 것은 물론 작품끼리도 화합하도록 놓일 자리까지 따졌다. 우리 본사가 격(格)이 있는 이유다.

서울시내에는 수백 개의 좋은 빌딩들이 들어찼지만 전체로서의 조화를 못 이루는 것이 아쉽다. 물론 건물주의 잘못은 아니다. 도시계획과 인허가를 맡은 당국이 책임져야 할 일이다.

건물주 가운데도 무신경한 사람이 없는 것은 아니다. 30여 년 전 일이지만 서소문로의 모 재벌 소유의 빌딩 현관 앞에 죽은 향나무를 몇 달 동안 방치해 두는 것을 본 적이 있다. 빌딩은 소유만 하는 게 아니다. 도시 미관의 일부를 맡고 있다는 의식과 함께 도시의 격을 높인다는 도의적 책임감도 갖고 있어야 한다. 부자의 노블레스 오블리주다.

사실은 그보다 더 심각히 고려해야 할 일이 있다. 도시 기능을 마비시키는 무신경한 건물주들이다. 무턱대고 건물을 높이 지으려는 욕심, 외국에선 쇼핑몰은 으레껏 교외로 **빼**는데, 적정 규모는 생각지도 않고 무조건 대형 백화점을 시내로 끌어들이는 일은 미관을 해치는 일보다 해악이 더 크다. 교통체증이 주는 불편은 말할 것도 없고 연료의 낭비나 도시기능 저하가 주는 유형무형의 손실들은 국력 낭비의 큰 원인의 하나다.

에너토피아를 상징하는 '한전인 상' 자리는 내가 맡았다. 대략적인 자리는 서울대 풍수 교수의 조언에 따랐다. 에너토피아의 실현과 한전의 번영을 지켜 볼 자리다. 풍수이론(風水理論)은 우리의 오랜 과학이다. 교수는 막대 하나를 정원 모퉁이에 꽂으면서, 열 발걸음 이내에서는 어디에 놓아도 길(吉)하다고 하였다.

조각이 들어설 자리에 말뚝을 꽂고 이리저리 옮기며 관찰하였다. 사장실에서도 내려다보고, 땅 위에서도 관찰하고, 옥상에서도 바라보았다. 말뚝을 세운 지점에서도 본관을 바라보았다. '한전인 상'의 시선을 어디다 두는 게 좋을지를 알기 위해서다. 한 달 동안 관찰했다. 말뚝을 이리저리 옮기며 관찰하려니 시간이 걸렸다. 자리를 정한 후 마지막으로 전무들의 의견을 들었다. 그런데 박춘거 감사가 왼쪽으로 최소 다섯 발을 옮기라는 것이다.

"내가 한 달을 생각한 자리요."

"한 달이 아니라 열 달을 지켜보아도 안 보이는 것은 안 보이는 법이지요."

"여보, 그런 실례의 말이 어디 있소?" 나는 자신이 있었다.

"실례가 아니라 결례가 돼도 드릴 말씀입니다."

"자신 있단 말이지."

"내기를 해도 좋습니다."

'이것 보아라. 뭘 믿고 이렇게 나온담?' 그렇다고 숙일 수는 없는 것.

"좋소, 합시다, 나를 납득시키지 못하면 저녁은 감사가 사기요."

"여부가 있습니까. 그런데 사장은 왜 산다는 생각을 못하지요?"

"나는 한 달이요. 감사는 겨우 오늘 한 번 둘러 본 것뿐이지 않소?"

"길고 짧은 것은 대 봐야 압니다." 끝까지 안 숙인다.

"여러 말 할 것 없소. 내려갑시다."

모두가 사장실에서 마당으로 내려갔다. 전무 서너 명이 동행했다. 뒤 따르던 감사가 앞서더니 '한전인 상'이 설 말뚝 앞으로 뚜벅뚜벅 걸어간다. 말뚝 자리에 선 그는 나를 돌아보며 자기보다 서너 발 앞에 서란다.

"사장님, 지금 그 자리에서 내 사진을 찍는다고 생각하고 포즈를 취해 보십시오."

'별 짓을 다하는군. 오늘 저녁에는 유쾌한 축배를 들게 되겠구나.' 나는 그가 시키는 대로 그의 앞에 섰다. 사진기를 든 포즈도 취했다.

"사장님, 보이는 것 없습니까?"

"보이지. 당신 미남인데?"

"그것 말고, 다른 것 말입니다."

"거기 당신 말고 누가 있다고 그래?" 이 양반이 누굴 놀리나 싶었다.

"허어 답답한지고. 그게 안 보이면 어떻게 합니까?"

"여보, 감사, 누굴 놀리는 거요?"

"나만 보지 말고, 내 뒤에 무엇이 있는지 아직도 눈치 채지 못했단 말입니까?"

아차! 감사가 선 자리 뒤로 '설렁탕', '복덕방' 간판이 크게 보인다. 바로 좁은 길 건너다. 감사가 씩 웃는다. 통쾌한 얼굴로 나를 바라본다.

저녁은 일류 식당이 아니면 안 간단다. 통쾌한 축배는 감사가 들었다. 동행한 전무들도 덩달아 마신다. 사장 술은 원래 맛이 더 있다나?

'구름을 보지 말고 그 위에 태양을 보라'고 해 놓고는 '한전인 상' 어깨너머 간판 하나 제대로 못 보다니. 부끄러웠다.

"사장님, 직원들이 '한전인 상' 앞에서 사진을 찍을 때 배경이 그래가지곤 안 되지요."

안 그래도 주눅이 든 내게 마지막 한수까지 던진다.

4. 세월은 변한다

본사 준공을 일 년쯤 앞둔 무렵이었다. 건설처장이 서류를 들고 왔다. 본사의 기본적 시설을 정하는 결재였다. 항목들을 점검해 보니 무난해 보였다. 그런데 주차장 차량 수용을 250대로 한다는 것이다. 하필이면 250이냐고 물었다. 아무래도 부족하다는 생각에서였다. 그 정도면 충분하다는 것이다. 그리고 건축법에도 부합하고. 그 말이 좀 거슬린다.

"좋아요. 본사 상근인원이 얼마나 됩니까?"

"3,000명 정도가 될 겁니다."

"그럼 근무인원의 10%도 안 된다는 말이 아니오."

"그게 무슨 문제가 됩니까? 법대로 하는데."

"법이 문제가 아니라 'My Car'시대도 온다고 하는데, 그래도 되겠어요?"

"문제없습니다. 직원들이 무슨 차를 그리 사겠습니까?"

"그래요? 250대 × 2해서 500대로 해요."

"…?" 한참 동안 나를 내려다본다. 동의할 수 없다는 얼굴이다. "500대로 하시오."

서류를 들고 나가면서도 못내 불만인 표정이다.

2년 후, 입주하고 얼마 안 돼서다. 건설처장이 찾아왔다.

"주차장이 모자라 사원들 불평이 많습니다."

세상은 우리가 생각하는 것보다 훨씬 빨리 변하고 있다.

마지막 준공단계는 김재섭 처장이 맡았다. 그의 일 솜씨엔 빈 틈이 없다. 언제 가보아도 그 큰 현장이 단정하다. 나도 한 때 중동건설현장에 있어 봐서 현장에 가 보면 금방 안다. 일 잘하는 현장의 공통점이 하나 있는데, 바로 정리정돈이 잘된 현장이다.

서울공대 우등생인 그는 나와는 대구공고 동문, 한번은 그의 승진을 타진했다. 극구 사양한다. 정실인사라고 직원들 사기만 떨어트린다는 것이다. 대인이 따로 없다. 감동했다.

그런데 지금 생각해 보니 겸양(謙讓) 그 자체만으로도 그는 승진했어야 할 인물이다. 내 불민한 탓으로 일을 그르쳤구나. 친구라고 덕은 고사하고 손해만 보였으니, 김재섭 형, 존경합니다.

박 감사에게 한 차례 당한 후, 길 건너 복덕방이며 설렁탕집이 마음에 거슬렸다. 지금은 그 지역 언저리가 잘 정비가 되어서 환경이 깨끗하지만 그때만 해도 신개발지역이라 촌스럽기가 짝이 없었다. 그대로 두면 한전 본사의 격이 떨어질 판이다.

안 되겠다. 근본적 대책을 강구하리라. 이참에 그동안 생각해 오던 전력문화회관을 그 자리에다 지어? 땅을 살 수만 있다면 최선의 해결책. 추진하기로 마음을 정했다.

전력문화회관은 오래 전부터 나름대로 하고 싶은 일의 하나였다. 이는 도시문화와 시민의 문화생활에 도움을 주는 학술, 과학, 그리고 문화의 공간. 따라서 전력관, 과학관, 문화관, 음악홀, 오페라관, 그 외에도 시민들에게 편의를 제공하는 공간과 여러 가지 종합기능을 여기서 제공하는 것이다. 이 공간을 통해 수용가와의 소통은 물론 학생들의 전기와 과학에 대한 관심을 일깨우고, 시민들에게는 종합적인 편의와 문화생활을 제공하는 복합건물을 말하는 것이다. 한마디로 한국의 명물, 학생들의 견학과 과학의 명당, 전력문화 창달의 요람을 만들 작정이었다.

길 건너 지저분한 부지를 모두 사서 그 자리에 번듯한 문화관을 세우리라. 그렇게 되면 맞은편 무역회관과 함께 수도의 중요한 문화의 허브가 탄생할 게 아닌가. 한번 해보자. 마음을 단단히 먹었다. 내가 믿는 박원태 공보실장에게 내 의중을 말했다. 비밀리에 일을 추진하라고.

박원태, 의리의 사나이. 직위를 떠나 동료나 부하들에게 가장 많은 사랑을 받는 친구. 약사여래불(藥師如來佛)같이 주위의 궂은일에는 언제나 발 벗고 나서니 안 따르는 사람이 없다. 일솜씨도 일품.

바로 기본적인 조사가 착수되었다. 매입대상 땅은 10,000평. 우선 떠오른 문제가 땅 임자가 너무 많다는 것이었다. 등기가 된 주인만 32명이다. 한전이 자기네 땅을 산다고 나서면 땅 주인들이 얼마나 기승해서 덤빌까. 저희들끼리 담합이라도 하면 땅 값은 천정부지로 오를 것은 뻔한 일. 조심스럽게 접근해야 한다. 한전이 직접 나설 수는 없다.

그래서 나온 안이 KAL과 협력하여 일을 추진한다는 구상이었다. 지금은 작고한 당시 대한항공 조중훈 회장이 생전에 갖고 싶었던 게 있었다. 바로 KAL 본사에 인접한 소공동 우리의 한일병원. 조 회장은 기회 있을 적마다 내게 병원을 팔라고 요구해 왔던 터. 따라서 대한항공이 그 땅을 먼저 산 후, 우리 한일병원과 교환을 하면 누이 좋고 매부 좋은 격이다.

바로 조회장을 찾아뵈었다. 나의 제안에 기쁨을 감추지 못하는 조회장, 박 사장은 무조건 가만히 있으란다. 신이 난 것이다.

"아이들 시켜 일을 처리할 테니 박 사장은 구경만 해요."
일은 조용한 가운데 잘 진행되는 것 같았다. 한동안 잘 나갔다.
그런데 언제부턴가 일이 꼬인다. 값이 자꾸 뛴다는 것이다. 비밀이 샌 것이다. 어찌된 영문인지, 매수자는 KAL이 아니라 한전이라는 것까지 샜다.
비밀을 유지한다는 것은 어느 시대나 어려운 일. 땅값이 마구 치솟는다. 도대체 협상이 진행되질 않는다. 마침내 우리 형편에 감당키 어려운 지경에까지 이르고 말았다. 더 나아갈 수가 없다. 물러서야 하나? 안타깝다. 포기? 정말 탐탁지 않은 단어다. 그러나 안 받아 들일 수가 없게 되었다. 아쉽다. 분하다. 누굴 탓할 수도 없는 상황이 더 화나게 한다. 거래란 일대일로 해야 한다는 다 아는 교훈이 가슴에 와 닿는다. 눈물을 머금고 물러섰다. 재임 중 뜻을 이루지 못한 유일한 일이 되었다.

5. 천지자연(天地自然)의 이(理)

'우리가 일에 임할 때는, 하나, 사자와 같은 용기로, 둘, 귀부인과 같은 사랑의 손길로, 셋, 독수리 발톱 이상으로 날카롭게 따진다.' 미 육군 감찰부의 모토이다.

내가 회사를 떠난 후 감사원이 내 행적을 석 달이나 뒤졌다. 그만큼 뒤졌으면 나쁜 일도 많이 찾아냈을 것이다. 또, 잘한 일도 많이 보았을 것이다. 감사(監査)란 매질만 하기 위해서 하는 게 아니다. 상(賞) 줄 일은 없는가도 따져야 한다. 미국 군대 감찰도 이례적으로 사랑의 손길을 얘기하지 않는가? 지적도 없었고 칭찬도 없었다.

한전만 해도 안 그렇다. 무얼 잘못했나도 조사하지만, 무얼 잘했나도 따진다. 가점제(加點制)다. 실패보다 노력에 무게를 둔다. 실적을 살핀다. 복지부동(伏地不動)이 숨을 곳이 없다. 무슨 일을 얼마큼 했는가를 따지는데 엎드려 있을 놈이 어디 있겠나.
실패를 두려워하는 사회는 내일이 없다.

우리가 공직에 나아가 일하는 이유가 무엇인가? 이성(理性)이 통하는 세상, 보편적 법이 지배하는 사회를 만들겠다는 게 아닌가!
지식인(知識人)들이, 지도자(指導者)들이 해도 너무한다. 이성은 눈을 감았고, 의로움은 종적을 감추었다. 나도 이 말 할 자격은 없다. 그러나 한 시대를 같이 사는 입장에서 함께 걱정을 하자는 것이다.
오늘 우리의 삶 자체가 견딜 수 없는 생존조건을 자꾸 만들어간다. 이게 다 누구 잘못인가? 일부 지식인, 공직자, 지도자들이 이성을 외면하기 때문이다. '공(公)' 보다 '사(私)'를 앞세우기 때문이다. 도리를 저버리기 때문이다.

"여자가 나무를 본즉 먹음직도 하고, 보암직도 하고, 탐스럽기도 한지라, 그 실과를 따먹고, 남편에게도 주매, 그도 먹은지라."(창세기 3:6)

창세기로부터 욕망이 문제였다. 이브의 욕심은 지엄한 신의 엄명(嚴命)까지 거역했지 않나? 그게 사람이다. DNA가 그러니 도리가 없지 않은가.

그래, 그게 인간이다. 보통사람은 다 그렇다 치자. 그럼 공인(公人)과 사인(私人)은 뭐가 다른가? 공인도 보통사람과 같이 치자는 게 요즘 세상이다. 감투는 감투대로 쓰고 같이 놀자? 그런 경우가 어디 있는가. 감투를 벗든지 감투의 무게만큼은 공인 노릇을 해야지.

'공'에 몸을 둔 사람은 보통사람이 아니다. 선민의식(選民意識)까지 갈 건 없지만, 나는 보통사람이 아니란 생각이 조금은 있어야 한다. 공인의식이다. 봉사정신이다. 희생정신이다. '이 몸이 죽고 죽어 일백 번 고쳐 죽어'까지 가자는 게 아니다. 세상 이치(理致)가 입장에 따라 꼭 해야 할 일이 있다. 도리란 것이다. 공인이면 최소한의 도리를 하자는 것이다.

세상엔 분명히 참과 거짓이 있는데도 지도자란 사람들이 얼굴색 하나 안 변하고 거짓을 참이라고 한다. 인의예지(仁義禮智)를 논하자는 게 아니다. 못난 애비도 아들 앞에서는 면(面)을 세운다. 국민 앞에서 최소한의 체면까지 내동댕이치는 지도자들은 어떻게 하자는 건가.

100여 년 전 개화기 때 한참 시끄러웠던 춘원(春園)이나 육당(六堂) 선생의 민족개조론이라는 게 있었다. 요즘, 새삼스럽게 그걸 들고 나오는 사람들이 있다. 원래가 저열(低劣)하다는 것이다. 몹쓸 소리다. 백성이 못난 게 아니라 일부 지도자들이 몹쓸 짓들을 하고 있기 때문이다. 미국 같은 엄격한 법치국가에서도 걸핏하면 도시가 무법천지가 된다. 뉴욕이 그랬고 로스앤젤레스도 그랬다. 위에서 잘못하거나 질서가 무너지면 어느 사회나 그렇게 되는 거다.

지금도 휴양지나 등산로는 쓰레기 천지다. 멀리 2002년 월드컵 때나 바로 엊그제 교황이 오셨을 때 100만 명 시민이 운집했는데도 휴지 한 장 안 버렸다. 꼭 같은 우리 백성이다. 사람이 저열한 게 아니라 환경과 조건에 따라 사람은 변하는 것이다. 윗사람이 처신을 함부로 하니까 백성이 심술을 부리는 것이다.

청규(淸規)와 누규(陋規)라는 말이 있다. 중국 얘기다. 청규란 밝은 세상에서 통용되는 법이나 관습이다. 누규란 어두운 세계, 도둑이나 깡패 같은 뒷골목 세계에서 통용되는 관습이다. 5,000년 역사를 통해 중국이 세계 역사를 리드해 온 것은 이 청규와 누규가 그런대로 잘 지켜져 오고 있었기 때문이다. 누규가 무너지면 난세(亂世)가 온다 하였다. 이 나라는 지금 누규는 고사하고, 청규까지도 지도자들이 안 지키니 어떻게 하자는 것인가.

세상에 믿을 사람이 없어졌다. 믿음이 없어진 세상(世上)이 제일 무섭다. 제멋대로 세상(世相)이 되었다. 이대로는 오래 버티지 못한다.

'사람은 땅을 본받고, 땅은 하늘을 본받고, 하늘은 도를 본받는다.' 노자(老子)의 말이다. 고리타분하게 들릴 것이다. 그러나 '사람의 도리와 천지의 이(理)'는 어느 문화권에서나 진리다. 문제는 이런 참됨, 진리, 초월적 가치들을 가벼이 보는 데서 모든 사달이 나는 것이다.

사람의 도(道)는 멀리 있지 않다. 땅을 본받으랬다. 콩 심은 데 콩 나고 팥 심은 데 팥 나는 게 땅이다. 바르면 되는 것이다, 참되면 되는 것이다. 참이면 도에 이른다. 또 참은 맘먹으면 누구나 할 수 있는 게 아니냐.

"너희가 저녁 하늘이 붉으면 날이 좋겠다 하고, 아침 하늘이 붉고 흐리면 오늘은 날이 궂겠다 하나니, 너희가 천기를 볼 줄 알면서, 시대의 표적은 분별할 수 없느냐."(마태 16:3)

해가 안 보인다고 해가 없는 것은 아니다. 천기(天機)만 보고 시대의 표적을 안 보려는 데 문제가 있다. 공인이, 지도자가 시대의 표적을 안 보면 우리는 희망이 없다.

6. 아름다움의 추구(追究)

심한 말을 너무 했다. 편한 얘기나 좀 하자.

오륙십 년 전, 일본에 오카 기요시(岡潔, 1901-1978)라는 수학자가 있었다. 촉망받는 학자라 불란서에 유학을 보냈겠다. 3년이나 연구를 한다면서 논문도 하나 안 쓴다. 찾아간 선배에게 한다는 소리가 귀국하면 바쇼(芭蕉)의 하이쿠(俳句)나 연구를 하겠다는 것이다. '바쇼'는 일본문학 '하이쿠'의 일인자, '하이쿠'는 일본 전통 시(詩) 형식이다. 수학자가 '하이쿠'라니, 어이가 없는 선배가,

"하이쿠라니, 무슨 소린가?"

"불란서에 와 보니 이 사람들 예술도 대단하지만, 우리 전통예술이 훨씬 격이 높다는 걸 알았지요."

"그래서?"

"우리 전통 예술 공부가 하고 싶어졌습니다. 그 중에서도 '하이쿠'를 말이지요," 한다는 소리가 점입가경(漸入佳境)이다.

"이 사람아, 정신 차려."

"…."

대꾸도 안 한다.

세월은 흘러서 오카가 귀국을 했다. 끝내 논문은 안 쓰고.

그런데 귀국해서는 정말 '바쇼'에 입문해서 '하이쿠'에 몰두한다. 주위에선 난리가 났다. 장래가 촉망되던 학자가 엉뚱한 짓을 하기 때문이다.

또 얼만가 세월이 흘렀다. 그런데 수학계가 깜짝 놀랄 논문을 발표했다. 1935년, 세계 수학계의 난제인 다변수해석함수론(多變數解析函數論)에 관한 세 가지나 되는 난문제(難問題)를 혼자서 풀어버린 것이다. 일본은 물론 세계가 놀랐다.

그의 성격은 괴팍하여 한참 연구를 할 때는 아침에 일어나서 자기 정신을 분석해보고, 기분이 좋은 날은 '+ 날', 저조한 날은 '- 날'로 정하고는, '+ 날'에는 문제에 파고들었지만, '- 날'엔 종일 자리에서 일어나지도 않고 잠만 잤다는 것.

그는 학문하는 태도에 대해 '식물은 씨를 심고 한참 기다려야 싹이 트고 자라서 열매를 맺듯, 학문도 문제를 제기했으면 지긋이 인내하는 태도가 필요하다는 것. 참고, 정성을 다하면 의식의 밑바닥에 깔렸던 씨가 싹을 트며 땅을 뚫고 세상으로 나온다는 것.'

수학계에는 노벨상에 비교되는 필즈상(Fields Medal)이 있다. 캐나다 수학자 필즈(John Fields)가 1936년에 창시한 상. 상금은 캐나다 돈으로 15,000불(미화로 약 $12,500). 노벨상에 미치지 않지만 명예는 대단한 것. 필즈의 유언에 따라 40세 미만에게만 주기 때문에 노벨상보다 타는 게 더 어렵다는 세평이다.

마침 올해, 세계수학연맹이 매 4년마다 주관하는 세계수학자대회를 서울 코엑스에서 연다. 100여 개국에서 5,000여 명의 학자들이 모여 다음 세기의 난제들을 토의하고, 논문도 발표한다.

이 대회에서 펄즈상이 주어지는 것.

오카는 펄즈상을 못 탔지만 일본에는 이 상을 탄 사람이 셋이나 된다. 일본의 학문을 만만히 보아선 안 된다. 많은 분야에서 우리보다 50년 이상은 앞서 있을 것이다.

각설하고, 한번은 오카의 공적을 높이 본 일본천황이 궁성으로 그를 초치했을 때이다. 대견하게 생각한 천황이 교수에게 물었다.

"수학은 어떻게 하면 잘하게 되는 것이오?"

대학자의 입에서 무슨 소리가 나오나 하고 모두가 호기심에 찬 눈으로 그의 입을 바라보고 있다.

"전하, 아름다움을 추구하는 것입니다."

밑도 끝도 없이 아름다움을 추구한다니? 뜬금없는 대답에 모두가 고개를 갸우뚱 한다.

"과연!(なるほど!)" 천황의 한 말씀이다.

일본사람들이 신으로 모시는 천황 앞이다. 누가 감히 입을 열수 있나. 모두가 고개만 숙인다.

특별히 초대 받은 한 기자, 뜬금없는 대답이 답답해 죽겠다. 그렇다고 천황 앞에서 함부로 발언할 수도 없고.

며칠 후, 그는 오카 교수 댁을 찾았다.

"교수님, 그 날 궁궐에서 말한 아름다움이란 어떤 것인가요?"

"수학이란 그런 거란 거지요."

"그런 거라니요?"

"어허, 그렇다니까." 여전히 밑도 끝도 없다.

'이런 답답한 교수님이 있나.' 기자는 짜증이 난다.

"그런 게 그럼 무엇입니까?"

"수학이란 아름다움 그 자체란 말이지요." 더 궁금해진다. 그 골치 아픈 수학이 아름다움이라니.

"그런 선문답하지 말고 어디 시원하게 말씀 좀 해 주십시오."

"글쎄, 수학의 본질은 미(美) 그 자체란 말입니다. 그래서 수학을 잘 하려면 아름다움을 추구해야 한다는 뜻입니다."

기자는 알 것 같기도 하고 모를 것 같기도 하다. 헷갈린다. 오카가 '하이쿠'에 몰두했던 게 그것 때문이었단 말인가? 그럼 하이쿠와 수학은 무슨 연관이 있기에.

학교에선 문과(文科)와 이과(理科)를 분명하게 갈라놓고 딴 세상처럼 논다. 나도 수학이 지긋지긋해서 문과로 갔던 게 아닌가. 그런데 이 양반은 수학의 꼴통이면서 정반대의 '하이쿠'를 해?

참, 알다가도 모를 일이다. 혼란스럽다.

전일성(全一性)이란 말이 있다. 쉽게 말해 우주만물은 서로가 연결된 하나란 뜻이다. 모든 것은 떨어져 독립적으로 존재하지만 물질을 구성하는 입자끼리는 서로 이어져 피차간에 영향을 주고받는다는 말이다.

우리에겐 별개로 보이는 시간과 공간까지도 뗄 수 없는 4차원의 시공간연속체(時空間連續體)라고 아인슈타인은 보고 있다. 심지어 노벨상을 탄 물리학자 보옴(D. Bohm) 같은 이는 정신과 물질조차도 실은 같은 근원에서 시작해, 하나는 다른 하나의 변형된 형상일 뿐이라고 한다. 우주의 참 모습이 놀랍지 않은가? 우주는 태초의 말씀, 도(道), 아름다움, 참이라는 한 원리에서 시작된다는 얘기가 아닌가.

현대 물리학이 밝혀낸 이런 우주의 참모습을 우리 동양적 세계관에서는 진작부터 알고 있었다. 즉, 불교에서는 법신(法身), 또는 진여(眞如)라 하였고, 힌두교에서는 범(凡), 노자는 현동(玄同)이라 일컬어 온 것이다.

대 우주의 모습이 이럴 진데, 문과(文科)와 이과(理科)가 어찌 다를 수 있으며, 수학과 '하이쿠'가 어떻게 남이 될 수 있겠는가 말이다.

이렇듯, 진리가 하나로 귀일(歸一)된다면 '오카'가 말한 미의 추구가 곧 수학으로 통한다는 주장은 백번 옳다.

피카소의 그림을 분해하면 몇 가지 물감과 화학 물질만이 남는다. 베토벤의 교향곡은 높고 낮은 공기의 진동에 불과하다. 어째서 피카소의 물감은 예술이 되고, 왜 베토벤의 공기는 명곡이 되는가?

'천지자연(天地自然)의 이(理)'에 부합하기 때문이다. 혼(魂)이, 생명이 들어갔기 때문이다. 하늘, 도(道)라고 해도 좋다. 여호와일 수도 있다. 이 초월적인 가치, 생명이 들어갈 때 '뜻'이 이루어지는 것이다. 진정한 가치는 우주를 관통하는 절대자, 도(道), 아름다움, 참이라는 큰 원리에 부합할 때 성립된다는 말이 아니겠는가.

이처럼 이 우주는 정확하고, 바르고, 참됨이라는 커다란 원리가 지배하고 있다.

인간, 그는 과연 누구인가?

새 것과 미지의 것에 대한 지칠 줄 모르는 호기심, 영원히 만족할 줄 모르는 육체적 정신적 욕망의 소유자. 기회만 있으면 쾌락을 쫓고 성(性)을 추구한다. 기회만 있으면 무엇이나 소유하려 들고, 정복하려 들고, 과시(誇示)하려 든다. 다 좋다. 사람이니까.

그런데 한편으로는 많은 사람들이 아름다운 것, 선한 것. 참된 것에 대한 끊임없는 호기심도 버리지 않는다. 참으로 아름다운 일이다.

그런데 너그러운 하나님은 우리가 어떻게 행동해도 다 받아 주신다. 참 희한한 일이다. 이왕이면 욕심이나 쾌락은 자제하도록 해 주시면 좋았을 터인데 우리 인간에게는 참과 함께 우리가 선택하도록 모든 걸 맡겨 주셨다. 동물에게는 이 자유를 허락지 않으셨는데.

얼마나 위대한 사랑인가. 얼마나 우리를 믿으셨으면 그런 큰 사랑을 베푸시는 것일까. 우리는 이 깊은 뜻을 살펴야 한다. 특히 공(公)에 몸을 둔 사람, 지도자는 정신을 차려야 한다. 공직(公職)이란 감투를 썼기 때문이다. 감투는 이권에도 관여하고 남을 호령하는 자리가 주어진다. 그리고 그 감투에는 으레 국록(國祿)이 따른다. 얼마나 무섭고 대단한 자리인가. 그러니까 감투의 무게만큼 무서운 책임과 의무가 따른다. 그런데도 몇몇은 백성과 같이 놀겠단다. 얼마나 경우 없고 염치없는 짓인가. 얼마나 무서운 벌을 받으려고 그 짓을 하는가? 그것도 무거운 감투들을 쓰고.

신이 죽었다는 사람은 그래도 애교가 있다. 용기 있는 사람이다. 그러나 오죽 겁이 났으면 그랬을까? 있지도 않은 신을 부정한 것은 강렬한 유신론이다.

부인할 용기도 없으면서, 핑계만 대고 거짓을 참이라고 속이는 작태. 영원히 구제받지 못할 냉혈적 인간들이다. 그 중에서도 못된 부류가 종북좌파이다. 세상에 따를 게 없어 김일성 삼부자를 따르는가? 인류 역사상 가장 질이 나쁜 위선과 거짓이 판치는 곳이 바로 북한이다. 그걸 뻔히 알면서 부정도 못한다. 비겁하다. 갖은 혜택에 감투까지 쓰고 앉아 멀쩡한 대한민국만 전복하려 든다. 정말 양심이 있다면 인류사상 가장 고통 받는 북한 동포를 구해야지. 세상에 없는 위선자들이다. 그런 사이비 지도자들이 무대 앞뒤에서 아직도 활개치고 있다.

내 크고 작은 지도자들에게 감히 묻는다. 우주는 '말씀', 도(道), 참됨이 관통하고 있는데 언제까지나 위선과 거짓에 머물러 있을 것인가? 운동권 시절 심취했던 '양심의 소리', '정의의 외침'은 어따 갖다 버렸는가?

제12장

에너토피아

1. 개안(開眼)

'83년 8월, ANS(American Nuclear Society) 참석을 겸하여 대만전력을 방문하였다. 당시 고리 원자력본부장 이종훈 씨가 동행하였다. 나에게 에너토피아의 꿈을 심어 준 장본인이다.

부임 첫 해라 '한전의 모습을 어떻게 그려갈 것인가' 하고 한참 고민하던 시절이었다. 그때 이 본부장의 해박한 원자력 지식과 원자력에 대한 신념은 가감 없이 내게 이입(移入)되었고, 나도 모르게 원자력 신봉자(信奉者)가 되었다. 이때까지 멀리 있는 것으로만 알았던 에너토피아의 실현도 원자력을 통해서 가능하다는 희망을 갖게 되었다. 한동안 재연(再燃)되었던 BWR(비등식)원자로의 채택 문제를 완전히 잠재운 것이나, 기술자립에 대한 확고한 의지를 갖게 해 준 사람이 바로 이 본부장이었다.

지난번 사고가 난 후쿠시마 원자력 발전소가 바로 비등식이다. 경수로를 우리 모델로 못 박은 것은 한국이 세계적 원전대국으로 가는 데 큰 몫을 하였다. 출장은 3박 4일의 짧지 않은 기간이었다. 여행하는 동안 나는 원자력에 대해 많은 것을 터득했다.

그 가운데 나를 가장 놀라게 한 것이 사용한 핵연료(核燃料)를 재생해서 다시 쓸 수 있다는 얘기였다. 내겐 꿈같은 얘기였다. 믿기지 않았다. 그렇다면 석유나 석탄의 의존도를 대폭 줄이고 국가 에너지의 대부분을 원자력에 의존할 수도 있다는 말이 아닌가. 지금은 우라늄을 수입하지만 그것도 적당량이 쌓이면 재생(再生)해서 계속 쓸 수 있다니, 국가 에너지 소요의 대부분을 국산화한다는 말이다. 도깨비 방망이가 따로 없었다.

더구나 북한은 우라늄 매장량이 세계 제일이다. 통일이 되면 수입할 필요도 없다. 문제는 원자력 기술이다. 기술자립(技術自立)을 해야 이것도 가능하다. 원자력 기술자립이야말로 에너지 빈곤(貧困)에서 이 나라가 해방(解放)되는 길이다. 에너토피아는 원자력 기술자립부터 시작되어야 한다. 갈 길이 분명해졌다.

그런데 한 가지 걱정이 있다. 안전(安全)이다. 현역 대대장 시절, NST(Nuclear Support Team)를 여러 번 해 본 사람이다. NST란 핵탄두를 투발하는 훈련이다. 핵의 위력을 누구보다 잘 안다. 무섭다.

이 본부장이 마침 회의에 참석한 레빈슨 박사를 소개해 준다. 미국 원자력학회장을 역임한 세계 최고의 권위자. 이 본부장 자신의 얘기보다 세계적 인물을 통해 나를 이해시키려는 원모(遠謀)다.

"미스터 박, 나는 아이젠하워가 제창한 '원자력의 평화적 이용' 계획에 처음부터 참여한 사람입니다. 원전 안전에 대해 걱정한다니 내 한 가지 만 얘기하리다. 가령…."

그는 아마추어인 나를 이해시키려면 어떻게 설명을 해야 할지 깊이 생각한 듯하였다. 그는 이런 예를 들었다.

"가령 이 건물 옥상에서 이 책을 던졌다 합시다. 당연히 책은 아래로 떨어지지요. 중력(重力)입니다. 그런데 책이 위로 솟구칠 수도 있지 않느냐. 즉 돌풍(突風)이 불 경우입니다. 내가 초창기 원전설계에 참여했을 때, 원자력의 안전은 이런 돌발 상황까지 고려했다는 것입니다."

나는 더 물어 볼 게 없었다.

한 시대를 사는 사람이나 조직에겐 분명 맡겨진 소임(所任)이 있을 것이다. 운명(運命)처럼. 그게 천명이 아니겠나. 그걸 모를 수도 있다. 알고도 놓칠 수 있다. 그러나 하늘은 그 책임을 언젠가는 묻는다. 개인이면 팔자가 고단해지고, 크게는 나라도 기운다. 모두가 한 시대를 사는 사람들이 천명을 모르는 데서 오는 결과이다.

외람된 얘기지만 나는 마르크스식 역사예정론(歷史豫定論)을 믿지 않는다. 역사는 얽히고설킨 인과관계로 이루어지는 연기(緣起)의 소산. 우리의 자유의지는 역사 전개에 영향을 미친다.

내가, 한전이 기술자립을 안 해도 그만이다.

정말 그랬으면 어떻게 되었을까? 원활한 전력수급이 안 됐을 것이고, 값비싼 전기료 때문에 경쟁력이 떨어져 오늘 우리가 누리는 경제번영은 어려웠을 수도 있다. 그래서 각자의 몫이 있고, 일에는 때가 있는 법이다. 그걸 아느냐, 모르느냐, 행하느냐, 못하느냐 에서 개인이나 조직의 흥망이 따르는 법이다.

부임 초부터 이런 시대적 사명이나 역사의식을 강조했던 게 다 그런 연유에서였다. 내가 할 소리는 아니지만 100년 전 조선조의 지도자들이 조금이라도 이런 역사의식을 갖고 있었다면 나라를 잃는 비극은 없었을 것이다.

생각해 보면 세상에서 제일 중요한 게 '때'이다. 일을 알고도 때를 놓치면 허사가 되는 게 세상사이다. 때는 놓쳐서 안 된다.

나는 지금 한전 사장이다. 왜 이 자리를 차고앉았는가? 언제까지 할 수 있는가? 모두 다 내 맘대로 할 수 없는 일들이다. 때는 움직인다. 때는 놓칠 수도 있다. 기술자립은 빠를수록 좋다. 바로 시작하자.

돌이켜 보면 기술자립 운동을 재임 중이던 '80년대 초반에 일으키지 않았다면 필경 우리는 실패했을 것이다. TMI 사고에 이어 체르노빌 비극이 세계 원자력계를 잠시 어리둥절케 한 사이 그 틈새를 잘 활용했던 게 성공의 관건이었다. 모두가 죽은 시장(市場)이라고 포기할 때를 잘 활용한 것이다. 참으로 오묘한 게 일의 성패(成敗)요, 그 가운데에는 '때'라는 것이 버티고 있다. 이것을 공자는 '시중(時中)'이라 했던가.

마침내 우리의 대장정(大長征)은 시작되었다.

2. 임한쾌 처장

이제 천재일우(千載一遇)의 기회인 원전 11, 12호기(영광 3, 4호기)를 통해 기술자립을 하리라. 신규사업추진반을 발족시키고 실장으로는 임한쾌 처장을 임명하였다. 신규반의 인원은 극히 제한하였다. 실장 이하 5명, 계약관리역으로 정건 처장-서울 법대를 나온 일재(逸才). 한국종 부장-서울 상대 출신의 준재. 후에 한전 부사장. 이중재 부장-서울공대 원자력공학과를 나온 당시 한전 최고의 원전 실무자. 훗날 한수원 사장. 김종신 과장, 후에 한수원 사장이다. '84년 6월의 일이다.

모두가 놀랐다. 중요한 실장 인사가 너무도 의외였기 때문이다. 당시 고중명, 이창건, 서석천, 노윤래, 이호림, 최장동, 전재풍, 홍주보, 이중재 등 우리 한전도 세계적 인재들을 많이 보유하고 있었다.

그런데 기라성 같은 이들을 제외하고 비주류인 임한쾌에 낙점을 찍다니. 원자력을 모르는 사장이 처음부터 일을 그르치는구나. 주위에선 걱정도 많이 하였을 것이다.

사실은 주위의 우려가 컸던 이상으로 내 딴에는 고민을 많이 한 인사였다. 사람이 없어서가 아니라 너무 넘쳐나서였다. 가장 신경이 쓰인 점은 우리 원자력의 역사가 결코 짧지 않다는 점이었다. 11, 12기를 추진할 당시 우리는 이미 원자력 3기를 운전 중이었고, 무려 7기를 건설 중이었다. 그런데 운전, 건설 중인 10기의 원자력 중 울진 1, 2호기를 제외하고는 8기 모두가 웨스팅하우스와 벡텔의 독점공사였다. 고리 1호기 이후, 10여 년 동안 건설하고 운전하면서 그들과는 미운 정 고운 정 다 들었을 것이다.

기술자립에는 어떤 외압이나 정치적 고려도 개입되어선 안 된다. 사장인 나의 입김도 차단해야 한다. 매정한 얘기지만 우정이나 인연까지도 배제해야 한다. 사람을 못 믿어서가 아니다. 인연과 우정이 문제다. 세상을 살면서 어떻게 인간관계를 소홀히 할 수 있겠나. 그러니 10여 년을 웨스팅하우스와 인연을 쌓아 온 사람들에게 일을 맡긴다는 것은 인간적으로 잔인하다. 그래서 몇 날을 고민하였다.

인연도 없고, 화려한 무대에 서 보지도 못한 사람이래야 한다. 실세(實勢)가 아닌 사람으로, 변방에서 조용히 일한 인물, 융통성이 없는 사람, 고지식한 사람이어야 한다.

임한쾌, 그는 나와 악연이 있는 사람. 한국중공업 시절, 내가 강력하게 추진했던 일의 하나가 한전의 건설 기능을 중공업으로 통합하는 일이었다. 그때 맨 앞장서 반대한 장본인이다. '세상일이란 알 수 없는 것, 하필이면 그 친구가 사장으로 오다니', 입맛이 썼을 것이다. 필경 나와는 마주치는 것조차도 꺼려했을 것이다. 그런데 '신규사업실장이라니 이건 또 무어야!'

그러나 나는 그 고집이 맘에 들었다.

어느 날인가, 임 처장을 불렀다. 한갓진 식당. 둘만의 만남이다.

"임 실장! 큰 일 한번 해 봅시다. 나는 당신을 믿습니다."

여러 말이 필요 없었다.

극히 기본적인 사항만 얘기했다.

신규 팀의 최대 요건은 공정성과 비밀 보지(保持)라는 것. 이를 위해 최소한의 인원으로 하되, 사장을 포함하여 누구도 간섭할 수 없는 독립기구로 운영하라는 것. 철저한 'Need to know 원칙'을 적용하는 것 등이었다. 'Need to know' 원칙이란 '필요한 사람만이 안다.'는 정보조직의 기본 운용원리다.

신규반이 발족하던 날, 총책인 이원배 전무를 비롯하여 임한쾌, 정건, 이중재 등 신규반을 모아놓고 나는 이런 말을 했다.

"이제 우리는 원자력 기술자립이라는 역사적 숙원사업을 막 시작하였다. 한 가지만 당부하겠다. 이번 11, 12호기의 업자 선정은 여기 모인 여러분이 한다. 장관이 하는 것도 아니요, 사장이 하는 것도 아니다. 따라서 엔지니어의 양심에 따라 최고의 업체를 여러분이 선정해 주기 바란다."

모두가 아래만 보고 있었다. 새로 맡은 일이 기쁘기도 하고, 불안하기도 하고, 착잡하다. 그런데 내 말이 떨어지자 일제히 고개를 들었다. 서로를 쳐다본다. 무슨 소리? 우리가 결정한다니, 그게 정말 되는 소린가? 모두들 귀를 의심한다. 어허, 우리 사장이 뭘 몰라도 한 참 모르는구나. 원자력사업을 시작한 이래 지난 10여 년, 사장이 결정해 온 일을 이제부터 우리 보고 하라고? 이 일은 사장도 맘대로 못한다는 것을 정말 모르고 하는 소린가? 믿기지 않는다. 그러나 사장이 정색을 하고 있으니 물어볼 수도 없고. 무거운 침묵만 흐른다.

"말씀 뜻은 잘 알겠습니다. 각오하고 있습니다."
임실장이 나직한 소리로 응답한다. 어색한 자리를 잘 마무리 지었다.

3. 약자의 고배(苦杯)

'84년 9월인가, 한국종 부장이 서류를 들고 왔다. 외자관리 담당이었을 것이다. 이례적이다. 담당 처장이 올려야 할 서류를 대신 가져왔다. 韓國鐘, 서울대를 나온 발군의 엘리트. 이름도 멋있지만 인물까지 준수하다. 나는 그를 '미스터 한국'이라고 불렀다.

"뭡니까?"

"저…."

망설이는 듯 서류를 내민다. 벡텔의 고리 3, 4호기 AE (Architect Engineering)계약이다.

"저…. 벡텔 건인데, 결재일이 닥쳐 올리는 겁니다."

"계약사항이라면 결재만 하면 되겠네."

"그게 … 좀 문제가 있습니다."

"문제라니?"

"설명이 좀 길어집니다만…."

다소 떨리는 목소리로 이어지는 그의 설명은 내 귀를 의심케 하였다. 내용인즉, 최초 계약당시 금액은 8,000만 불이었는데, Man-Hour가 늘어나 1억2천만 불을 결재해야 한다는 것이다. 애초 계약금액의 절반이 넘는 4,000만 불이 늘어나다니! 아무리 계약이 허술해도 10% 내외로 늘어나는 건 모르거니와 무려 50% 가 불었다니 말이 되는가. 그 자리에서 책상을 내리쳤다.

나도 한때 중동에서 계약도 하고, 공사를 해 본 사람이다. 건설 공사는 국제적으로 통용되는 FIDIC라는 표준 계약형식이 있어 계약자 쌍방의 부당한 손해를 예방한다. 사정이 여의치 않을 경우 Ceiling을 정해 어떤 한도를 못 넘게 하는 것이 상식이다. 예외 가 있다면 무기개발이나, 우주개발 같은 성공을 보장할 수 없는 경우에 한해서 한도를 정하지 않는 법이다.

벡텔의 경우 기껏 인건비 계산인데, 일감이 두세 배로 분 것도 아닌데 계약금액이 50%나 뛰어? 이런 고얀 일이 있나! 당연히 계약당사자나 담당전무가 들어야 할 역정을 엉뚱하게 부장이 들었다. 본인에겐 미안한 일이지만 지금 상대는 한 부장이다.

"나 이 서류 결재 못해!" 무조건 내쳤다. 당혹한 한 부장, 서류를 들고 나갔다.

당장에 관계자들을 모두 불렀다. 계약은 정당했다는 것. 관례가 그랬다는 것, 이해하기 힘든 이유를 나름대로 잘도 설명한다. 화가 난다. 이런 상황이 못마땅하고, 설명도 짜증난다.

그 와중에 누군가 이런 말을 하였다.

"이것은 어디까지나 계약입니다. 우리 회사가 서명한 국제적 약속입니다."

마침내 나를 폭발하게 한 발언이다.

"뭐라? 국제적 계약? 이따위 계약을 계약이라고 해? 나는 계약을 파기하면 했지 결재 못한다."

그야말로 몰상식한 말이 내 입에서 나왔다.

자리에 있던 모든 직원이 아연실색한다. 계약 파기! 그런 강수(强手)는 누구도 감당하지 못한다. 말이 안 되는 소리다. 사장은 지금 제 정신인가 하고 의심했을 것이다. 내 흥분이 좀 지나쳤나?

"나 결재 못해! 모두 나가요."

다음 날 문희성 부사장이 서류를 들고 왔다. 명문가 출신에 경기고를 수석으로 졸업한 사람. 어느 분야에 진출했어도 대성했을 당대 인물. 이종훈 부사장이 언젠가 내게 들려 준 일화다.

서울대 공대에 입학해서 얼마 되지 않아 한 교수가 칠판에 수학문제를 냈다. 신입생 수준을 테스트할 셈이었을 것이다. 서로 얼굴만 쳐다볼 뿐, 아무도 나서질 못한다. 이때, 용모도 준수한 한 학생이 앞으로 나가 문제를 풀기 시작하였다. 모두가 침을 삼키며 칠판을 바라본다. 이윽고 그 학생이 교단에서 내려왔다. 교수가 대견스런 눈으로 그 학생을 바라본다.

"자네 이름이 뭔가?"
"문희성입니다."

어제 그 난리를 치고 담당부서는 막막했을 것이다. 사장의 결의가 심상치 않다. 누가 다쳐도 다칠 것은 정한 일. 그건 나중 일이고, 지금은 그게 문제가 아니다. '계약파기를 들고 나온 사장을 어떻게 설득하는가'이다. 계약파기? 비즈니스에서 상상도 할 수 없는 일이다. 하물며 갑이 동의한 계약이다. 벡텔이 어떤 회사인가? 당시 회사 직원만 20여만 명에 미국의 대형회사 중 유일하게 비상장회사요, 창업 이래 세습해 오는 미국에서도 희귀한 회사다. 당시 국무장관 슐츠나 전 국방장관 와인버거나 모두가 벡텔 출신이 아닌가. 그런 회사에다 대고 멀쩡한 계약을 파기하겠다고?

아마도 밤새 저희끼리 숙의를 하고 또 했으리라. 사장도 무섭고, 벡텔도 겁나고, 진퇴양난이다. 누가 방울을 달 것인가? 막막하였을 것이다. 마지막 수단은 방패를 내세우는 것. 사내에서 존경받는 부사장밖에 없다. 매달렸겠지. 살려달라고. 문 부사장도 처음엔 내키지 않았을 것이다. 내가 왜? 그러나 끝내 거절은 못했을 것이다. 원래 그는 대인(大人)이다.

다음 날 부사장이 내 방에 왔다.

"웬일이요?" 정색을 하고 반겼다.

"저…." 특유의 미소를 짓는다. 부처님 미소에 꼭 닮았다.

"이 문제 제가 해결하겠습니다."

"알았어요!"

토를 달 것도 없다. 천하의 문희성이다. 지켜보면 된다. 어디 당신 솜씨 한번 봅시다. 국내외적으로 발이 넓은 그는 용케 해결점을 찾을지도 모른다. 벡텔에도 상당한 인맥이 있을 것이다. 납득이 가는 답이 오면 결재하리라.

한참을 기다렸다. 별 소식이 없다. 예상은 하였다. 벡텔의 높은 콧대가 쉽게 꺾이지는 않을 것이라고. 실무자 간에는 난리가 났을 것이다. 적법한 절차를 거쳐 쌍방이 서명한 계약서를 두고 천하의 벡텔이 물러설 리가 없다. 오히려 법적 대응을 하겠다고 으름장을 놓았을 것이다. 벡텔은 더욱 완고해지는데 사장은 여전히 먹통이다. 대책도 없이 계약파기만 고집한다. 천하의 부사장도 당황했을 것이다.

이제는 누구도 제대로 보고를 안 한다. 벡텔과 사장의 옹벽 사이에 일도 사람도 모두가 갇혔다. 출구도 없다. 완전히 암흑이다.

한참 시간이 흘렀다. 갑자기 벡텔에서 통보가 왔다. 벡텔의 오너 벡텔 주니어가 방한한다는 것이다. 옳거니. 이제 협상이 트이나 보다. 기다렸다. 그런데 온다는 시일이 지났는데도 아무 연락이 없다. 수소문했더니 놀랍게도 이미 다녀갔다는 것이다. 아니, 한전에도 안 들르고? 그런데 더욱 나를 놀라게 한 것은 청와대만 예방하고 돌아갔다는 것이다. 이런 세상에, 한전사장은 완전히 무시된 것이다.

그의 메시지는 간단하다. '미스터 박, 조심해. 사람 봐 가며 덤벼야지.' 며칠 후 정보부 쪽과 청와대 수석실에서 귀띔이 왔다. 사건을 조용히 마무리 지으라고.

사건이 이 지경이 되면 안 되지. 자칫하면 당한다. 칼자루를 쥔 쪽은 저쪽이다. 겉으로는 내가 백번 잘못이고, 벡텔이 백번 옳다. 계약을 이행 안 하겠다는 내가 억지다. 사리(事理)는 그렇다. 그러나 나는 계약 이전의 건전한 상도의(商道義)를 따지는 것이다. 도대체 말이 되는가? 8,000만 불짜리가 일 년 새 1억2,000이 되었으니, 내년에는 2억, 그다음에는 3억불로 뛴들 누가 막을 것인가.

그러나 세상은 힘의 논리가 앞서는 법이다. 그래서 고배가 있는 것이다. 약자를 위해.

쓴잔을 마셨다. 힘도 명분도 거인(巨人)이 쥐고 있으니 도리가 있나. 태평양 건너 누군가는 샴페인을 들고 있겠지.

그렇다고 순순히 승인한다는 게 너무 억울했다. 한 열흘 침묵을 지켰다. 실무자들이 답답하였을 것이다. 미국 쪽 채근도 만만치 않았을 터. 그 정도로 눌러 놓으면 효험도 날 법한데 – 소식이 없어? 미 측도 답답하였을 것이다. 나는 가타부타 없이 그냥 침묵만 지켰다. 그야말로 무책(無策)이다.

어지간히 저쪽도 몸 달았다 싶을 때, 넌지시 벡텔의 기계담당 사장을 보자고 통보했다. 결재는 할 테니 그 전에 꼭 할 말이 있다고. 지연작전이었다. 사실은 생각이 있어서 시간을 벌 필요가 있었다. 한국종 부장의 귀띔으로 기억된다. 계약관리의 권위자답게 저쪽의 '맨 아우어' 전표를 전수(全數) 체크하면 무슨 수가 날 것 같다고. 우리 감사실의 금년 정기감사 때 한번 해 보자는 것이다.

천우신조(天佑神助)로 계약 당시부터 벡텔 감사라는 게 있었다. 그러나 지금까지 감사는 형식이었을 뿐, 해마다 감사팀이 가긴 했지만, 사실은 감사할 게 없어 관광행사가 되고 만 행차였다. 그러나 이번에는 진짜 감사팀을 구성해야 하는 것이다. 영어가 되는 요원을 확보하고, 회계전문요원을 추가하고, 필요한 훈련까지 해야 하니까.

저쪽은 너그럽게도 나의 요청을 받아들여 라인슈 사장이 오겠다는 것이다. 옳지, 오며 가며 시간은 더 벌게 됐다.

드디어 라인슈가 왔다. 의기양양했다. 그는 항복을 받으러 온 것이니까. 정중하고 융숭하게 접대했다. 웬만하면 그의 수행원을 빼고 일대일로 시간을 보냈다. 나의 간곡한 요망과 간청이 기회마다 이어졌다. '당신이 내 입장이 됐다고 가정해 보자. 솔직히 당신이면 이런 계약을 순순히 받아들이겠느냐고.'

정중한 응대와 정성으로 냉정했던 비즈니스가 '사람 냄새'가 나는 비즈니스로 조금씩 바뀌어 갔다. 그래도 "I will consider…." 정도지, 그 선을 넘지 않는다. 더 바랄 게 없었다. 그만하면 됐다. 시간도 벌었고, 인간적인 소통까지 했는데.

나는 저쪽의 회답을 기다릴 것도 없이 예정대로 감사팀을 보냈다. 이때 결정적 역할을 한 인물이 김명환 당시 감사실장. 서울법대를 나온 한전 최고의 행정가. 후리후리한 키에 준수한 용모, 연세보다 일찍 쉰 반백이 그야말로 선풍도골(仙風道骨)이다. 그의 탁월한 감사준비로 파견 감사팀은 최강이었다.

LA 벡텔 본사에 도착한 감사팀은 사무실부터 차지했다. 벡텔 측이 이상한 눈으로 본다. 아니, 이 친구들 호텔에 짐이나 풀고 관광이나 할 일이지 웬 사무실부터 차지하고 앉았담?

다음 날 출근하자마자 이 서류 보자, 저 서류 달라, 점점 하는 수작이 가관(可觀)이다. 그래, 무얼 하려는지는 모르지만 어디 한번 해보라고. 저쪽에서 보긴 일 같지도 않은 일에 열을 올리는 것이 우스웠다. 그러나 우리는 각오가 다르다. 두 달을 준비한 임무다. 잘못되면 못 돌아간다.

짐짓 엉뚱한 서류나 요구하고, 되지도 않은 자료를 보자니까 우리를 우습게 본 것은 당연한 일. 그러나 우리는 성동격서(聲東擊西)였다. 상대를 안심시키려는 것. 정작 우리가 노리는 것은 맨 아우어의 산출근거인 전표류이다. 필경 숫자를 불렸을 것이다. 태평양 건너 저희 사무실에서 저희끼리 매기는 시간이다. 허점이 안 나올 리가 없다. 닷새째인가, 약점이 드러나기 시작한다. 십여 건만 나와도 벡텔에게는 치명상(致命傷)이다. 정직성과 명예에 관한 일이다. 미국의 계약정신이 절대 용서 않는 대목이다. 걸렸다. 그것도 수십 건이다. 속으로 쾌재를 불렀다. 드디어 확증을 잡고 들이밀었다.

그때에야 그들도 대경실색(大驚失色). 우리를 너무 만만히 본 게 탈이었다. 마침내 꼬리를 내리고 우리 협상에 응했다. 우리도 사납게 몰지 않았다. 우리가 잡은 증거는 묵인하는 조건으로, 기본계약에 Ceiling을 두기로 한 것이다. 비지니스는 'Give and Take' 라던가.

가끔 고배(苦杯)도 마셔 봐야 한다.

"위대한 한전 감사단이여, I salute you!"

4. 돌아올 수 없는 다리

원자력(原子力) 사업을 하면서 우리는 쓴잔을 너무 많이 마셨다. 지난 10여 년, 회사 대 회사 관계에서, 현장에서, 심지어는 외국인 기술자 숙소에서까지 무식한 죄로 이루 말할 수 없는 수모를 당했다.

한번은 벡텔 기술자가 숙소 마당에 떨어트린 안경까지 보상해 주었으니까. 모두가 불평등계약 때문이다. 누굴 탓할 수도 없다. 몰라서 당한 일들이다.

그때 일화와 교훈을 원자력 직군의 어느 누군가는 정리를 해 주면 좋겠다. 와신상담(臥薪嘗膽)의 고사가 있듯, 훗날 후진들의 귀감으로 삼기 위해서다.

10년의 세월이면 머슴살이를 면할 때가 되었다. 기술자립을 해야 한다. 고리 1, 2호기는 턴키(turnkey)라 그렇다 치고, 고리 3, 4호기와 영광 1, 2호기는 분할방식으로 주도했다고는 하지만 알맹이 기술은 얻은 게 없다. 인색한 그들이 기술을 거저 줄 리도 없지만 우리의 결의와 각오가 서 있지 않은 데에도 문제가 있었다. 그동안 말이 좋게 원자력기술 40%는 배웠다고 하였다. 그러나 알맹이는 없고, BOP(Balance of Plant; 보조기기) 언저리나 만지작거려 온 게 전부다. 이제는 알맹이를 건져야 한다.

세계 원자력계여!

두고 보라. 원전 11, 12호기를 통해 우리는 반드시 원자력 기술자립을 해 보일 것이다.

한전인이여!

분발하라. 대업(大業)이 목전에 있다.

군자(君子)의 대사(大事)는 진덕(進德-修己)과 거업(居業-治

人)이라 하였으니, 하늘의 도를 본받아 매진(邁進)하자!

원전 11, 12호기(영광 3, 4호기)를 발주하고 평가하는 신규사업반(新規事業班)이 드디어 작동하기 시작했다. 이어서 '84년 7월, 한전의 자회사와 협력사를 중심으로 전력그룹을 구성하였다. 기술전수를 하려면 무리가 따르더라도 서툰 그들을 주계약자로 동참시켜야 한다. 또 이들의 원만한 협조가 이루어지려면 한전이 통제하는 그룹 형성은 불가피했다. 자회사가 아닌 원자력연구소가 문제가 되지만 행정력과 정치력으로 풀어 나갈 수 있다. 우선 한전을 중심으로 한국중공업(현 두산중공업), 한국전력기술(주), 한국핵연료(주), 한국가스공사, 한국전기안전공사, 원자력연구소 등으로 그룹을 형성하고, 향후 기술자립을 위한 기본방향을 시달하였다.

'85년 1월, 민경식 전무의 지휘로 ITB(입찰 안내서)를 작성하기 시작하였다. 늘 원자력의 학생 노릇만 해오던 우리가 선생님도 힘들어 하는 ITB를 작성한다는 자체가 사실은 무리였다. 그것도 외부용역 없이 한전 요원만으로 하겠다는 것이다. 주위에서 걱정을 많이 했다. 외국 업체들은 숫제 웃었다. '코리안이 무얼 안다고.' 그러나 민경식 팀은 이 일을 훌륭하게 마무리 짓고, '85년 11월, 입찰대상 회사에 일제히 발송했다.

우리를 비웃던 해외 유수한 업체들이 입을 딱 벌렸다. 그들을 놀라게 한 것은 허점이 없다는 것이었다. 첫째, 용역비, 보상, 담

보책임 등 그동안 어수룩했던 대목을 배제하거나 예외 조치를 못하게 못을 박았고, 둘째, 설계용역비 보상은 고정비용 가산식으로 해서 얼마 전 벡텔에게 고배를 마셨던 약점을 보완하고, 셋째, 우리가 원하는 100% 기술전수를 명시했다.

여기까지는 그들도 참을 만 했다. 그런데 기술사양을 제외한 계약 용어는 모두 세종대왕이 제정한 '한글'로 해야 한다는 대목에선 분통을 터뜨렸다. 모국어에 대한 애착이 남다른 불란서의 Framatom은 즉각 입찰 포기를 통보해 왔다. 우리도 바로 답을 보냈다. "말리지는 않겠다."

보름 후 숙이고 들어올 때도 토를 달지 않았다.

굳이 내가 한글 주 계약서를 고집했던 것은 중동에서 많이 당해 보았기 때문이다. 단어 하나 때문에 곤욕을 치른 적이 한두번이 아니었다. 세종대왕께서 제정한 '나라말씀'으로 주계약서를 작성하였으니 트집은 내가 잡게 되었다. 통쾌하다.

장장 10여 개 월에 걸친 뼈를 깎는 작업이었다. 휴일도 많이 반납했다. 뜬눈으로 지샌 밤도 여러 날이었다. 외부의 힘을 빌리지 않았기 때문이다. ITB 작성에 참여했던 요원들의 후일담은 나의 고개를 숙이게 한다. 여러분! 고맙습니다.

발급 대상자들은 7개국의 23개 회사였다.

원자로설비 분야는 미국의 Westinghouse, Combustion Engineering, 캐나다의 AECL, 프랑스의 Framatom, 독일의 KWU, 일본의 Mitsbishi와 Hitachi.

터빈발전기 분야는 미국의 General Electric, Westinghouse, 프랑스의 Alsthome, 영국의 GEC, 일본의 Hitachi, 스위스의 BBC, 독일의 KWU.

발전소종합설계 분야는 미국의 Bechtel, Sargent & Lundy, Ebasco, Stone & Webster, Gilbert, 프랑스의 EDF, 캐나다의 AECL, 독일의 KWU에 발급하였다.

입찰은 '86년 3월 말, 6개월 동안 평가 작업을 마치고 '86년 9월 말에 낙찰회사를 발표할 예정이다.

기술자립에는 세 개의 큰 고비가 있다. 입찰안내(ITB), 입찰평가, 기술전수.

한 고비는 잘 넘겼다. 세계가 놀랄 정도로 잘했다. 그러나 다음 고비는 다르다. 항해(航海)에 비교하면 ITB는 천문관측, 항로결정, 고독의 극복 등을 홀로 하는 어려움이 있지만 풍랑이 적은 호수 위의 항해다.

그러나 입찰평가는 다르다. 혼자만 하는 게 아니다. 남을 평가하는 것이다. 상대는 수, 우, 미, 양, 가로 평가 당하는 것도 불쾌하지만, 20억 불짜리 돈이 걸린 평가다. 조용한 항해가 될 리 없다. 폭우와 큰 파도가 몰아칠 것이다.

이 항해는 자신의 의지와 기량에만 의존할 수 없는 외압(外壓)이 기다리고 있다. 따라서 신규사업추진반은 계약별로 평가항목과 평가기준을 사전에 정했다. 공정성(公正性)을 기하기 위해서다.

평가에 들어가서 6개월, 겉으로는 평온하였다. 그러나 물 밑은 시끄러웠다. 갖은 공작과, 모략, 그리고 가열한 스파이전이 난무하였다. 원자력의 종주국 미국은 막강한 세력을 앞세워 밀어붙인다. 후발주자지만 경쟁력이 있는 불란서는 한국시장을 지키겠다고 악을 쓴다.

대세가 미국으로 기울자, 미국끼리의 집안싸움은 더 가열해졌다. 이 시끄러운 판에 국내 유력자들까지 끼어들어 그야말로 난장판이 되어 갔다. 사장인 나도 마구 흔드는데 직원들은 얼마나 시달렸을까?

이원배 전무와 임한쾌 실장을 불러 단속한다. 흔들리지 말라. 겁내지 말라. 내가 책임진다. 보안은 생명이다. 인연도, 은혜도 잊어라. 모든 게 예상했던 일이요, 각오했던 일이 아니었던가?

어느 날인가 이 전무가 내 방에 왔다. 커피를 주문하곤 용건은 꺼내지 않는다. 분명 할 말이 있어 왔을 텐데…. 답답해진 내가 운을 뗐다.

"할 말씀이 있으면 해 보구려."

"아, 차만 마시겠습니다." 싱거운 사람. 격에 안 맞게 능청까지 떤다. 떠벌일 줄 모르는 사람이다. 전형적인 서울공대 엔지니어요, 고지식한 사람이다.

'얼마나 고민스러우면… 순진한 양반, 고민이 많구나.' 측은하기까지 하다.

"이 전무, 그러지 말고 털어 놓으시오." 단호히 다그쳤다.

"사실은 말입니다….." 작심한 듯 말문을 연다.

내용이란, 신규사업추진반의 실무자들이 낙찰자를 결정한다는 것은 이때까지의 관례로나, 여러 조건을 고려할 때 실현성이 없는 일이므로 재고를 해 달라는 것이었다. 즉, 자기들은 사장의 지침에 따라 평가작업을 하겠다는 것이다.

"이 전무, 고언(苦言) 감사합니다. 다시 다짐하거니와, 결정자는 여러분 신규사업반입니다. 나나 혹은 제3의 인물이 그런 결정을 하는 일은 절대로 없을 것입니다. 약속합니다."

고개를 쳐들고 한참동안 천정을 쳐다본다. 원래 말주변이 없는 사람. 작은 귀까지 멀어 소통조차 여의치 않다. 그의 한숨은 보통 사람의 열 마디다. 끝내 말을 잃은 채 일어서 나간다. 깊은 한숨에서 깊고 깊은 그의 고민을 읽고도 남았다. 저렇게 성실한 사람을 너무 괴롭히는구나. 인간적 연민(憐憫)이 가슴을 찌른다.

이 전무로서는 고민이 많았을 것이다. 20년 이상 한전 공사로 뼈가 굵은 사람이다. 한전의 원자력 사업도 가까이서 지켜 보아 온 터이다. 역사가 있고, 전례가 있는데 실무자가 결정한다고? 턱도 없는 소리다. 20여 년을 자기 눈으로 지켜 본 현실이 있지 않은가. '아무래도 박 사장이 잘못 생각하고 있는 것이다. 그는 실정을 모른다. 내가 일깨워야 한다.' 밤새 그는 생각했을 것이다. 내일 아침, 단단히 일러두리라. 간밤엔 만리장성을 쌓았다. 그러나 대면해서는 한숨만 쉬고 나온 것이다.

사실은 이 전무가 괴로워하는 만큼 나도 답답하였다. 때가 되어 증명해 보이기 전에는 말로 이해시키는 길밖에 없는데, 내 말을 아무도 믿으려 들지 않으니.

결국, 결말이 나기 전에는 전례와 역사의 중압을 이길 수가 없다. 우리 둘 사이의 응어리는 풀어질 수가 없는 것이다.

평가 마무리를 한 달쯤 남겨 놓고 이 전무가 결의에 찬 얼굴로 내 방에 들어섰다. 이번엔 차도 시키지 않고 좌정한다.

"사장님, 오늘은 지침을 주셔야 합니다." 단도직입이다.

"지침이라니요?"

"오늘을 넘기면 돌아올 수 없는 다리를 건넙니다."

"다리라니 무슨 다리?"

"평가가 막바지에 왔습니다. 오늘 중으로 의중의 회사를 낙점하십시오! 그렇지 않으면 마감 날까지 평가와 계산을 다시 할 수 없단 말입니다."

화가 벌컥 났다. 사장의 말을 그렇게 못 믿다니. 그동안 가져왔던 연민의 정이 비례해서 울화로 바뀐다. 책상을 내리쳤다.

"이 전무, 분명히 말해 두지만 박 아무개 사장이 이 자리에 있는 동안에는 절대로 지침이란 있을 수 없소. 나가요!"

나의 흥분에 다소 놀란 듯, 황급히 자리를 뜬다.

실은 이 전무보다 실무자들이 더 초조했을 것이다. 낙찰자들의 윤곽은 굳어져 가는데, 누구도 지침을 안 주니 불안은 더 커질 수밖에. 이 시점에 사장이 어느 특정회사를 지정해주지 않으면 난처해지는 것은 자기들이다. 마감날은 정해져 있으니, 다시 계산할 시간은 없다. 이 전무의 등을 떠밀었을 것이다. 오늘은 사장과 결판을 내라고.

6개월이란 세월이 흥분과 격랑 속에 흘렀다. 말도 많고 시끄러웠다. 나도 많이 시달렸다. 친구도 많이 잃었다. 9월 하순, 평가가 끝난 날, 이 전무가 심사결과를 들고 왔다. 감개어린 얼굴이다. 결국 끝까지 오긴 왔구나 하는 안도와 성취감이다. 자리에 앉을 때는 전에 없던 자신감까지 보인다.

"사장님, 결과가 나왔습니다."
"잠깐, 직원들을 다 부르시오." 의아한 표정을 짓는다. 내 말을 못 알아들은 것 같다.
"직원들을 부르라니까."
"아, 예."
직원들이 다 모였다. 자신에 찬 모습이다. 하나같이 개선장군(凱旋將軍) 표정이다. 내가 했다. 우리가 해냈다. 이제까지 위에서 결정해 오던 일을 우리가 해낸 것이다. 얼마나 대견스럽고 자랑스러웠을까. 나도 감격(感激)했는데.

"수고 많았소, 여러분! 약속대로 여러분이 선정한 업자들을 낙찰자로 정하겠소."

보고서에 '정(正)'이라고 서명했다.

실무자들이 건의한 외국 업체들은 다음과 같았다.

- Combustion Engineering – 1차계통: NSSS (원자로 기기와 원자로 계통설계)
- General Electric – 2차계통: T/G (Turbine & Generator)
- Sargent & Lundy – A/E (Architect Engineering)

드디어 낙찰자가 결정된 것이다. 역사적 순간이다.

사상 처음으로 실무자에 의해, 엔지니어의 양심이 선정한 업체들이 낙찰자로 결정되는 순간이다.

우리의 발표는 세계 원자력계를 놀라게 하였다. 붙은 회사도, 떨어진 회사도 똑같이 경악하였다. 너무도 의외의 결과였기 때문이다. 오만(傲慢)한 자에겐 교훈이, 겸손한 자에겐 큰 떡이 주어졌다. 우리의 잣대는 '누가 좋은 조건으로 더 많은 기술을 주는가' 였다. 정치력을 행사하거나 로비스트를 앞세웠던 자들은 모두 낙방하였다.

옛날엔 이들이 판을 휘저었다. 우리는 안보도 문제고, 경제도 허약할 때다. 정부가 안 휘둘릴 수 없었다. 내 돈 내고도 먹고 싶은 것, 갖고 싶은 것을 마음대로 못했다. 그러나 이번만큼은 오만한 이들을 누르고 우리 뜻대로 골라잡았다. 그것도 우리 기술자가 눈치 안보고 제일 좋은 것으로 고른 것이다.

역사적인 날이요, 획기적인 쾌거였다. 우리의 기준은 엄격했다. 정확하였다. 어떤 정치적 고려도, 그 누구의 입김도 개입되지 않았기 때문이다. 역사상 처음으로 한전의 실무 엔지니어가 판단하고 결정한 원자로가 선정된 것이다.

5. 3자계약(三者契約)

어려운 업체 선정은 끝났다. 말 많고, 시끄럽고, 모략질은 전보다 더 요란하다. 별의별 소문과 험담이 난무하였다. 일부 미국 업자의 저항과 반발은 극에 달했다. 평가과정이 불공평했고 편파적이었다는 것. 따라서 이번 평가는 무효이며, 재입찰이 타당하고, 재입찰 시는 기술전수를 보장하겠다고까지 했다. '지난 10년 한전 일을 독점해 온 우리다. 지금도 우리는 8기의 너희 원전을 직접 짓고 있다. 정말 뜨거운 맛을 볼 테냐?'고 윽박지른다. 무서운 기세다. 조야가 움츠러든다. 두렵다. 기술자립이 절체절명의 위기에 섰다. 드디어 승부를 걸 때가 왔는가? 물러서면 기술자립은 끝이다. 좋다. 어차피 각오했던 싸움이다. 처음부터 배수의 진이 아니었던가. 물러설 곳도 없다. 굽힌다고 되도 않을 일, 맞서 싸우자.
갈 길이 멀다. 기술전수라는 한 고비가 더 남았다. 소탕전에 전력을 낭비할 때가 아니다. 근거 없는 모함에는 침묵이 제일이다. 오직 전진뿐이다. 아직도 싸움이 남아 있는데 언제 뒤돌아 볼 겨를이 있는가. 큰 목표는 점령했으니 죽어도 여한은 없다. 군인의 최대 영예가 목표 점령 후 전사라고 했던가. 이제는 죽고 사는 게 문제가 아니다.

정신을 차리고 허리띠를 단단히 매라. 싸움이 끝난 것은 아니다. 이제는 집안 단속을 잘 해야 한다. 야심만만한 자회사들을 잘 다스려야 한다. 집안싸움이 일을 그르칠 수도 있다.

얼마 전부터 그룹사 간에는 암투가 벌어졌다. 실속 있는 일을 많이 맡으려는 짓거리다. 속된 말로 밥그릇 싸움이다. 가장 시끄러웠던 게 원자로 System Design이었다. 사업 순리로 보아선 당연히 KHIC(한중)가 해야 한다. 그러나 KAERI(원자력연구소)에게 주었다. 두 회사 모두 경험이 없기는 마찬가지. KAERI는 한국의 두뇌가 가장 많이 모인 곳이다. 어차피 원자로의 하드웨어는 한중이 해야 하므로 System Design까지 가져가면 2차 계통까지 겹쳐 한중 일이 너무 많아진다.

그러나 KAERI에 대한 반대는 여전하였다. 다 좋다. 사장 뜻도 안다. 그럼, 기술자립 후 자회사도 아닌 그들과 어떻게 통합관리를 할 것이냐는 것이다. 일리 있는 주장이다. 그렇다고 이제와서 물러설 수도 없다. 몇 사람을 불러 달랬다. 이번 영광 프로젝트에는 참가시키되 '기술자립 후에는 해당기관에 기술을 이관한다'는 조건으로 무마하였다.

사실, 기초과학연구소가 사업에 손을 대는 것은 교회가 장사를 하는 것과 진배없다는 구설은 끝내 잠재우지 못했다. 그러나 세상일이란 안 될 일만 따지고 들면 될 일이 하나도 없다. 대사는 밀어붙이는 것이다.

Architect Engineering만은 조용했다. 당연히 KOPEC(한국전력기술[주]) 몫이다.

사실은 업체선정이 말이 많고 어려운 과정이다. 거친 바다에 비유도 했지만, 외압을 차단하여 순항이 되었다. 싸움도 많이 했다. 인심도 많이 잃었다. 몇 개의 '돌아올 수 없는 다리'도 감회(感懷) 없이 건넜다.

그러나 기술전수는 사정이 다르다. 기술을 터득해야 하니까 가정교사를 둬야 한다. 그런데 선생이나 학생 양쪽에 다 문제가 있다. 선생은 너무 잘났고, 학생은 너무 처진다.

결혼으로 치면 처음부터 궁합이 안 맞는 혼사다. 잘난 신부에게 영글지도 않은 신랑을 보내 놓고, 살림까지 철부지에 맡겼으니 신부는 살맛이 안 난다. 운우지락(雲雨之樂)은 고사하고 살림 재미도 없다. 신부 쪽에서 불만이 터져 나올 수밖에 없었다. 그러나 하늘이 무너져도 이 혼인은 깰 수 없다. 어떻게 여기까지 왔는데, 얼마나 많은 산과 강을 건넜던가. 천신만고 끝에 양가집 규수를 골라 약혼까지 했다. 성사만 되면 양반 반열에 오르는 이 혼사를 어떻게 깰 수 있단 말인가.

못난 집안이라고, 힘이 없다고, 기술(技術)이 없다고, 지난 세월 얼마나 많은 수모를 당했던가. 어떤 일이 있어도 이 혼사는 성사시켜야 한다. 앉아서 죽느니 서서 죽자.

불도저는 애교 있는 비유다. 앞만 보고 밀어 제친다. 나무고 돌이고 가리지 않는다. 일 좀하려면 불도저를 본따자.

정책상 발주자인 한전은 주계약자를 한국 업체로 하고, 외국 업체들을 다음과 같이 하도급자로 정하였다.

발 주	사업관리자	주계약자	하도급자 분야
한국전력	한국중공업(주)	CE	원자로기기제작
한국전력	한국원자력연구소	CE	원자로 계통설계
한국전력	한국전력기술(주)	S&L	종합플랜트설계
한국전력	한국중공업(주)	GE	터빈발전기

또, 한국의 주계약자들이 전수할 기술 분야는 다음과 같이 확정되었다.

분 야	내 용
발전소 종합설계	한국전력기술(주)← Sargent & Lundy
원자로 계통설계	한국원자력연구소← Combustion Engineering
원자로 설비설계	한국중공업(주)← Combustion Engineering
터빈 발전기	한국중공업(주)←General Electric
핵연료	한국핵연료(주)← Combustion Engineering

기술도입비는 처음부터 문제를 안고 있었다. 우리 정부 회계절차에 어긋나기 때문이다. 실무적으로도 한중이나 KAERI가 배울 기술비(技術費)를 한전이 부담하는 자체가 문제였다. 정부 관계자가 순순히 응할 리 없다. 그렇다고 한전이 전적으로 틀린 것도 아니다. 사연이 복잡할 뿐이다. 싸움이 커질 수밖에 없었다. 많이 싸웠다. 벼랑 끝에 선 나는 물러설 수 없었다. 끝내는 서로 양해가 됐다. 이 어려운 싸움을 남들은 알 턱이 없다. 알아주지 않아도 좋다.

다만, 지금까지 앞뒤 사정도 모르면서, 그 큰돈을 거저 쓰고도 딴소리하는 친구들, 아래 표를 보고 반성들 하렸다.

[기술도입비와 전수인원]

분 야	주관기관	기술전수	인원	비 용
원자로기기제작	한국중공업(주)	CE	200	255억
터빈발전기	한국중공업(주)	GE	120	98억
원자로계통설계	한국원자력연구소	CE	200	830억 (280억+550억)
플랜트종합설계	한국전력기술(주)	S&L	–	260억
계			520	1,443억

* 숫자는 개략적임.

원자력계가 놀랐다. 세계가 놀랐다. GE(General Electric)와 CE(Combustion Engineering)가 한국 업체의 하도급업체가 되다니? 사실 천지개벽 전에는 있을 수 없는 일이다.

일례로 어제까지만 해도 GE는 한중의 하늘 같은 존재였다. 한 중만이 아니라 세계가 우러러 보는 회사다. 그런 GE가 한중의 하도급업자가 되었다.

돈은 무서운 것이다. 그 자존심이 무릎을 꿇었다. 무서운 세상이다.

우리도 괴롭다. 경우 없는 일을 벌여야 한다. 학생격인 한국 업체가 스승격인 외국 업체를 하청으로 부리면서 배우겠다니 무리수다. 기술전수를 위해 어쩔 수 없는 구도(構圖)라지만 억지는 억지다. 한국이 처신을 웬만큼 잘 해도 갈등과 문제가 일어날 것은 당연한 일이었다.

기술전수 작업이 시작되자마자 야단이다. 시끄럽다. 특히 CE의 불만이 컸다. 그들은 당혹했을 것이다. 우리를 그렇게 안 보았기 때문이다. '한전'하면 제대로 비즈니스 하는 회사로 알았다. 그러나 한전이 직접 개입한 게 아니다. 사업을 안 해본 연구소를 시켰으니 그들은 해보지 않은 장사다. 매사가 서툴고 관행도 다르니 갈등은 피할 길이 없었다.

지난 얘기지만 KAERI 때문에 많이 고민했다. 되풀이 되는 얘기지만 주변의 반대도 아주 컸다. 과학자는 과학자지 사업가는 아니라는 것, 심지어 여색(女色)을 맛본 성직자의 타락(墮落)에 비유하는가 하면, 그들 때문에 사업까지 망친다는 강경한 사람도 있었다. 그러나 나는 밀었다. 한필순 소장을 봐서다.

육사인이 존경하는 인물 중에 작고한 김성진 장관이 있다. 11기, 육사교번 1번, 수석입학에 졸업까지 수석으로 한 사람.

한번은 나를 불러 간곡한 부탁이,

"박 사장, 우리가 가까운 장래에 노벨상을 탄다면 한필순밖에 없소. 잘 부탁합니다."

무조건 감쌌다. 무모하게 밀었다. 욕도 많이 먹었다. 선배님, 노벨상은 못 탔지만, 훌륭한 사업가 하나는 만들었습니다.

우리가 목표했던 기술자립 목표는 95%였다. 나머지 5%는 아주 민감한 부분이라 다음 기회로 미루는 게 좋다. 그렇다고 한국형 원자로 기술자립에는 큰 지장이 없다.

남은 5%는 첫째가 소위 원자로 설계코드(PC로 치면 마이크로소프트의 윈도우)로, 세계3대 원전 강국인 미, 불, 일 3국 중 일본도 그때는 못 가진 기술. 그리고 냉각재를 순환시키는 펌프설계, 마지막으로 원전제어 계측장치인데, 다 있으면 좋겠지만 우리형편에 지금은 과욕이다. 일류 식당에서 훌륭한 정찬을 마치고 커피까지 마셨으면 됐지 최고급 꼬냑까지 마시겠다는 것. 분수를 모르는 짓이다. 노자(老子)는 이걸 지족(知足)이라 하였던가?

지금쯤은 우리도 UAE 한국형 원자로수출을 계기로 이들 기술은 완성 단계에 와 있을 것이다.

95%라는 목표 자체도 사실은 분수를 넘는 과욕이다.

지난 얘기지만 정말 원자력을 아는 몇몇 전문가는 간곡하게 만

류하였다. 김선창 부사장이나 양창국 같은 프로는 충고와 함께 크게 우려하였다. 너무 성급하다고. 아직은 한중(KHIC)이나 원자력연구소(KAERI) 어느 회사도 경험과 능력이 전무하다는 것이다.

김선창 부사장. 한국 원자력사업의 창시자요, '84년 한전보수주식회사(지금의 한전 KPS; Korea Plant Service) 사장으로 옮길 때까지 원자력직군의 수장으로 우리 원자력산업을 이끌어 온 사람이다. 양창국 처장은 서울대를 거쳐 미 오리건 주립대 석사과정을 마친 최고 엘리트. 나중에 한전원전연료(주) 사장을 역임한다.

이러한 우려는 프로젝트 관리를 해본 중간 간부들, 특히 고리나 영광의 PM(Project Manager)들 사이에서도 마찬가지였다. 그들은 일의 어려움을 몸소 겪어 본 사람들이다. 그들은 프로다. 아마추어인 나는 흔들릴 수밖에 없었다.

기술전수 단계에서 고민 많이 했다. 많은 전문가들이 미국회사들과의 관계를 우려했기 때문이다. 그러나 모든 것은 때가 있는 것. 내가 마음먹고 깃발을 들었을 때는 이미 벼랑 끝에 서 있는 것과 같았다. 뒷걸음질은 죽음이나 마찬가지. 앞길은 안개 속이지만 죽지는 않는다. 선택은 전진밖에 없었다.

ITB를 완성했을 때를 회상하였다. 다들 ITB도 못할 거라고 했다. 그런데 민경식 팀은 훌륭하게 해치웠다. 벅차긴 해도 한전은 해낸다. 사람은 자신을 가지면 자신이 생기고, 없다면 용기도 없어진다. 자신 있다. 내가 용기를 내면 실무자도 자신을 갖는다.

또 하나 내가 믿었던 한 구석이 있었다. 그것은 한전이 발주한 세 회사의 장(長)들이 당대 최고의 인물(人物)들이었다는 점이다. 한중의 성낙정, KOPEC의 정근모, KAERI의 한필순. '용장 아래 약졸 없다'는 천고(千古)의 진리.

일에는 '시중(時中)'이 있다 않던가. 지금의 이 호기를 놓칠 수 없다. 일은 저질러 놓고 보는 것이다. 51%의 확률만 있어도.

우려했던 대로 한동안 한국의 원청인과 미국의 하청인 사이에 갈등이 그치질 않는다. 정말 시끄러웠다. 뜬금없이 일어나는 마찰을 무마하는 것도 한두 번이어야지. 종국에는 참다못한 CE가 KAERI를 제치고 사업주인 한국전력과 직거래를 요구해 왔다. 더는 못 참겠다는 것이다. 나도 더는 방치할 수가 없었다.

결국 한전이 택한 궁여지책이 계통별 3자계약이다. 예컨대 가장 까다로운 핵심기술인 원자로 계통설계의 경우 KAERI가 원청, CE가 하청이지만, 발주자인 한전이 사이에 끼어드는 3자계약을 따로 맺었다. 한전이 하청의 하청인 손자뻘과 소통을 하기 위해서다. CE가 강력히 요구했기 때문이다. 이때는 한전도 숙였다. 원만한 사업관리를 위해 어쩔 수 없다. 억지지만 고육지책이다.

자격은 입회인(Witness)이라는 궁색한 이름으로. 억지 춘향이었지만 그런대로 현장이 풀리기 시작하였다. 한전이 직접 중재를 서 주니까. 정성이 있으면 세상일은 수가 생기게 마련. 지금도 딴소리하는 과학자들이 있긴 하지만 이들을 탓하면 안 된다. 장사와 선비의 길은 다르다. 오로지 기발한 발상으로 현장 문제를 현명하게 처리한 한국종이 고맙다.

6. 옥동자 (玉童子)

과학(Science)과 공학(Engineering)은 근본이 다르다. 과학은 경제성과 무관할 때가 많다. 그러나 공학은 다르다. 코스트가 안 맞는 Engineering은 의미가 없다.

비지니스 세계에는 나름의 원칙과 관행이 있다. 흥정하고 타협한다. 'Give and Take'도 있다. 큰 장사는 꼭 이문만을 좇지 않는다. 손해도 감수한다. 상도(商道)라는 것이다. 상도는 쉽게 익힐수 없다. 몸에 배야하는 것이다.

학문은 진리를 탐구한다. 진리는 편한대로 이랬다저랬다 할 수 없다. 학자와 상인은 다를 수밖에 없다. 둘이 티격태격하는 것은 정한 이치다. 둘은 '언어'부터가 다르다. 학자의 언어가 있고 상인의 말이 따로 있다. 미국인들은 상도가 몸에 밴 프로 비즈니스맨이다. 과학자의 언어가 통할 리 없었다. 오죽했으면 CE의 부사장 Jim Veirs는 'Research와 Business는 절대로 구분해야 한다'고 점잖게 충고까지 하였을까.

학생이 도둑질을 하면 경찰은 그 학생을 잡아야 한다. 그러나 선생은 도둑질한 학생을 훈도해야 한다. 이럴 때 부모는 이 아이를 감싸야 하는 것이다. 이렇듯 같은 일을 두고 사람 따라 처리를 달리 해야 한다. 그게 도리(道理)라는 것이다. 이렇게 사람은 본분에 따라 처신이 달라지는 것이다. 하물며 다른 언어를 쓰는 서툰 학생들을 세계 일류상인들의 상전(上典)으로 앉혔으니 시끄럽지 않을 수가 없었다.

그러나 시간이 지나면서 자리가 잡혀갔다. 싸우면서 정도 드는 법이다. 과학자들도 상도를 조금씩 익히면서 말이 통했다. KAERI가 맡은 계통설계는 기술 중에서도 핵심기술이다. 그만큼 까다롭다. 그런데 우리 과학자들이 너무 잘한다. 좋은 머리로 장사를 하니 상인을 뺨치게 잘할 수밖에. CE가 놀랐다. 처음 미국 친구들 생각은 코리언이 못 따라 올 줄 알았다. 공동설계를 한다지만 배우는 것도 뭘 알아야 배우지, 생짜 과학자들이 기술을 빼가면 얼마나 빼 가겠느냐고 무시했다는 것이다. 무얼 몰라도 정말 한참 모른다. 코리언의 우수성을.

'80년대는 그랬다. 우리는 한참 처질 때다. 그때는 일본의 기세가 하늘을 찌르는 시대였다. 《No라고 말할 수 있는 일본》, 《Japan as Number One》 같은 책이 세계를 휩쓸었다. 미국 Pebble Beach 골프장이 일본 재벌 손에 넘어가고, 뉴욕의 Empire State Building에 일장기가 휘날릴 때다.

Japan하면 껌벅했겠지. Korea하면 시큰둥하고. 천만의 말씀, 우리가 후발인 게 문제지, Korean은 누가 뭐래도 Japanese 보단 뛰어나다. 좀 실례인가?

내가 체육계 일을 해보아서 알지만, 체력이 우선 그들을 뛰어넘는다. 박세리, 박인비. 일본이 아니라 세계가 껌벅한다. 일본은 강점기(强占期) 때부터 우리 백성 머리 좋은 것 잘 안다. 그래서 우리를 더 박해했다. 우리가 두려우니까.

미국은 그걸 모르지. Sony가 Samsung한테 눌리는 것을 못 본 때니까.

상도를 익힌 KAERI 과학자들이 날고뛰었을 것이다. '코리언들 어깨너머로 하나를 배우더니 열을 알더라.' 미국 친구 하나가 내게 들려준 후일담이다.

한전이 큰마음으로 밑돈을 대고, 신규사업반이 신부를 잘 골라 혼사는 성사시켰다. 신혼 초 원만한 부부생활이 안 돼 속도 많이 썩였지만, 머리 좋은 Korean들이 차고앉아 제몫을 다한다 싶었더니, 결혼생활이 원만해지면서 마침내 옥동자(玉童子)를 탄생시켰다.

훗날 우리 기술자립으로 완성한 KSNP-1000(Korean Standard Nuclear Plant)이다.

원자력 기술자립이라는 어렵고도 원대한 대장정이 마침내 결실을 거둔 것이다. 새 역사를 쓴 것이다. 이것은 지난 10여 년, 김선창, 민경식, 문희성, 이종훈, 정보헌으로 이어지는 원자력 직군들의 경험 위에서 가능했던 일이기도 하다.

그런데, 지금도 알 수 없는 참으로 신기한 일은 영글지도 않은 신랑들이 어떻게 그런 자랑스러운 옥동자들을 낳았는지.

Korean은 역시 위대하다!

2010년 2월 17일, 한국전력 대강당에서는 제1회 원자력의 날 행사가 거행되었다. 2009년 UAE에 APR-1400(Advanced Power Reactor) 4기를 수출한 쾌거를 기념하여 제정한 날이다.

드디어 한국도 세계에서 5번째로 원자력발전소를 수출하여 원자력 강국의 반열에 섰다. 이것은 보통 의미 있는 일이 아니다. 삼성과 LG가 그동안 나라 경제를 잘 끌어 주었다. 원자력 시장은 한참은 살아 있을 것이다. 원자력도 장차 삼성, LG를 이어줄 우리 경제의 성장동력의 하나다.

2014년, IEA(International Energy Agency)는 고(高)원자력 시나리오에서 2040년 전세계 원전 설비용량을 767GW로 전망하였다. 2015년 기준, 세계 33개국의 원자력발전소 439기의 설비용량이 377GW. 앞으로 15년 내에 원전은 지금의 두 배의 용량으로 성장한다는 말이다.

APR-1400은 순수한 대한민국 고유모델이다. KSNP-1000을 참조하여 우리 기술진이 완성한 것이다. 생각해 보면 감회가 새롭다. 자리를 걸었던 기술자립, ITB, 입찰평가, 업체선정, 기술전수, 그 어느 것도 쉽지 않은 고비였다. 그러나 기술자립은 성공하였고, 마침내 혼혈이 아닌 배달의 아들 2세를 보게 된 것이다.

기술자립, 한국형 원자로의 완성에 고락을 같이했던 형제 제군, 이 자리를 빌려 다시 한 번 만강(滿腔)의 경의를 표한다.

APR-1400은 10년에 걸쳐 연구개발비만 2,300억원이 투입되었다. 동원된 연인원도 무려 2,000여 명.

사업단장은 한전의 에이스, 심창생 전무다. 에너토피아란 별명에 걸맞게 그는 대업을 성취하였다. 이를 뒷받침한 사람이 10대 사장 안병화. 포스코 사장, 상공장관을 역임한 인물이다. 연구개발비 2,300억 원을 쾌히 결재한 것은 아무나 흉내낼 수 없는 배짱이다.

'70년대 초, 원자력의 여명기 Turnkey에서, Island방식으로, 그리고 갖은 고비를 넘기면서 끝내 기술자립이라는 목표를 달성한 KSNP-1000. 그리고 순수 한국형 APR-1400에 이르는 대장정은 마침내 대단원을 이루었다. 그러나 이 전투에서 최고 지휘관이 전사하였다. 결정적 전투에서 값비싼 대가를 치르는 것은 당연한 일. 자리와 기술자립을 맞바꾼 희생이었다.

혹자는 우리의 APR이 안전, 구조 등에서 과잉(過剰)설계를 했다고 비판한다. 당연히 코스트는 올라갔을 것이다. 그러나 무엇보다 신뢰도가 높은 안전책과 방사선 유출을 최소화한 설계는 오히려 경제성을 향상하여 우수한 원자로로 평가받고 있다. '싼 게 비지떡'이란 말이 있지 않던가. 돈은 아낄 때 가서 아끼는 것이다.

지금 운전 중인 영광 5, 6호기와 울진의 4개 기, 도합 6기의 우수한 운전 실적이 잘 웅변해 주고 있다.

얼마 전까지만 해도 한국 원자력의 운전실력은 세계 제일이었다. 원자력의 이용률에서 한전은 '86년~99년 사이 17번이나 세계1위를 하였다. 당시 세계 원전의 이용률이 평균 69.6%였는데, 한국은 87.2%로 세계평균보다 17% 이상이 높았다. 이것은

1,000MW 원자력 발전소 2기를 더 운용한 경제효과와 같다. 이용률 1%를 향상시킨다는 것은 4,000만불의 절약효과에 필적하는 것이다. 한전 원자력직군의 우수성은 세계가 알아준다.

한동안 일부 한수원 직원들의 어이없는 실수가 국민적 빈축을 샀지만 나는 믿는다. 남은 우리 후진들은 지난 날 한전의 영광을 되찾을 것이라고. 지금도 가슴 칠 일은 10여 년 전 한전의 분할이다. 따지고 보면 한수원의 불미스런 일도 분사(分社)와 함께 한수원이 한전으로부터 떨어져 나간 게 그 첫째 원인이다. 사실은 그때 예견된 수많은 부작용의 하나일 뿐이다.

한수원 형제 제군! 용기백배하라. 영웅이 따로 없다. 영웅적인 일을 하면 영웅이 되는 것이다. 그대들도 영웅이 될 수 있다.

참으로 길고도 험난한 여정이었다. 많은 사람들의 땀과 눈물의 역사는 유감스럽게도 정사(正史)로 남은 게 없다. 지금쯤은 올바른 백서(白書) 하나쯤은 나왔어야 할 게 아닌가. 과기처의 백서를 비롯하여 몇몇 기록이 있으되 진서(眞書)는 없고 허장성세(虛張聲勢)에 대언장어(大言壯語)만 있다. 후세 사람들이 무엇을 배울 것인가? 무용담은 화롯가에서나 할 일, 생각 같아서는 정문(頂門)에 일침(一鍼)을 가할 것으로되 이쯤에서 물러선다.

2월 17일, 원자력의 날 행사를 마치고 나온 사업단장 심창생의 어깨에는 금탑산업훈장이 걸려 있었다. 당연한 수상이다.

소감을 묻는 기자에게 그는 짧게 한마디 하였다.

"오늘의 대 경사는 전두환 전 대통령의 원자력에 대한 이해와 전폭적인 지원이 있었기에 가능했다." 모처럼 바른말 한번 들었다.

한전 50년사에 버젓이 기록되어 있는 말이다.

사실 전두환 전 대통령의 국가 에너지 장래에 대한 원모(遠謀)와 원자력에 대한 심려(深慮)가 없었다면 원자력 기술자립은 절대로 이루어질 수 없었을 것이다. '돌아올 수 없는 다리'를 거두어 퇴로는 막고, 오직 돌격을 계속하여 목표를 점령할 수 있게 한 분이 전두환 전 대통령이다.

7. 원자력을 하느냐, 마느냐

근래 일본의 후쿠시마 원전사고로 원자력이 말이 아니게 상처를 입었다. 안타까운 일이다. 반원전(反原電) 운동이 기세를 떨치며 세계를 휩쓸었다. 독일의 메르켈 수상은 1990년 이전에 건설한 8기 운전을 전면 중단하고, 2022년까지 남은 17기도 폐쇄한다고 발표하였다. 스위스도 가동 중인 5기가 수명을 다하는 2034년을 기점으로 원전에서 완전히 손을 떼겠다고 발표하였다.

원전은 나쁜 사업인가? 흔히 말하듯 '죽음의 재'나 양산하고, 자칫 사고라도 나면 재앙을 불러오는 악마 같은 존재인가?

꼭 그렇지는 않다. 그럼 왜 독일이나 스위스는 일건 잘 돌아가고 있는 발전소도 세우고 장차는 원전을 안 하겠다는 것인가? 우리도 독일이나 스위스처럼 원전을 그만두어야 옳은 게 아닌가?

그렇지 않다. 원발(原發)이 재앙이 될 수도 있고 죽음의 재를 만드는 것도 사실이다. 여러 말 할 것 없이 미국이나 영국은 그럼 무엇이 부족해서 원발을 계속하겠다고 하겠는가? 그만두겠다는 독일이나 스위스가 사정이 있듯, 하겠다는 미국이나 영국도 이유가 있다.

이것은 잘잘못이나, 옳고 그른 문제가 아니라 생각의 차이에서 오는 문제이다. 선택의 문제이다. 굳이 비유하자면 미국엘 가는 데 배로 가느냐, 비행기로 가느냐 하는 차이이다. 비행기는 빨라서 좋지만 배보다는 위험하다. 그러니까 비행기가 좋은 이는 비행기를 탈 것이요, 사고가 무서운 사람은 당연히 배를 탈 것이다.

삶이란 크고 작은 선택을 강요받는 상황의 연속이다. 비행기 대신 배를 탄다고 100% 안전을 보장받는 것은 아니다. 다 아는 일이지만, 지구 자체의 안전까지도 하나님의 뜻에 달린 게 아닌가. 모두가 확률의 대상일 뿐. 결국, 어떤 선택을, 어떻게 최고의 능력를 끌어내는가 하는 인생관의 문제, 세계관의 문제로 귀결되는 것.

그럼 우리 입장에서는 원발은 계속하는 게 옳은가, 그만두는 게 옳은가? 하는 게 옳다. 위험을 무릅쓰고라도? 그렇다. 내 생각이다.

무릅쓰다니? 후쿠시마 같은 비극을 보고도? 그렇다.

'후쿠시마'는 사실 일어나기 힘든 사고다. 속된 말로 정말 재수가 없었다. '지진 천국' 일본에서도 희귀한 사건이다. 한국에서는 상상도 하기 힘든 사고다. 이것은 근거 없이 하는 말이 아니다. '75년 MIT의 라스무센 교수의 유명한 〈라스무센 보고서〉는 방사능 유출사고는 과학적인 통계에 따르면 100만 년에 한 번 일어난다고 하였다. 물론 발전소가 제대로 대비를 하고 있다는 전제이다. 후쿠시마도 15m 방벽만 쌓았으면 아무 일도 없었을 것이다.

2011년 3월 11일, 13m의 쓰나미가 후쿠시마를 삼킬 때 그 옆의 도후쿠[東北] 전력의 오나가와[女川] 발전소는 무사했다. 15m 방벽을 쌓았기 때문이다. 결국 후쿠시마는 다들 천재(天災)라지만 내가 보긴 인재(人災)다.

도쿄전력의 머리 좋은 친구들이 쓰나미 10m 이상의 확률이 0.1%라는 계산까지 해놓고는 방심했다. 도후쿠처럼 방벽을 쌓았어야지. 약은 것도 탈이다.

결국 체르노빌이나 후쿠시마류의 재앙은 인재에서 온 비극이다. 충분히 막을 수 있는 재앙이었다. 이렇게 말한대서 천재가 대수롭지 않다는 말은 아니다. 인재가 두렵지 않다는 말도 아니다. 대비만 하면 최악의 상황, Meltdown은 지금의 기술로 저지할 수 있다는 말이다.

또 하나, 후쿠시마 때 동전(東電) 사장이 바로 해수를 원자로에 부으라고 명령을 내렸으면 사태가 저렇게까지 악화되진 않았을 것이다. 따지고 보면 이것도 인재다. CEO를 했던 입장에서 이 말은 너무 가혹할지 모르겠다. 한 기에 4억불짜리 원자로를 폐기처분하는 것인데 누군들 안 망설이겠나. 자신 없다. 나도 주저했을 것이다. 다만 '사고처리를 어떻게 해야 하는가'하는 관점에서 하는 말이다. 몇 억불의 재산손해를 보는 한이 있더라도 파국은 막았어야 옳았다는 말이다. 이 고비, 이 갈림길, 이 순간에 내려야 하는 어려운 그 결단을 모든 CEO에게 주문하는 것은 무리일 수 있다. 그러나 그때 눈 딱 감고 바닷물을 부었으면 그토록 큰 재앙으로 확대되진 않았을 게 아닌가.

여기서 우리는 하나의 가능성을 보게 된다. 천재가 인재 영역으로 들어오는 CEO의 결단은 무엇을 의미하는가? 웬만한 천재는 이제 우리 기술과 의지로도 막을 수 있다는 뜻이 아닌가.

적어도 원전은 '악마'는 아니라는 것. 우리의 의지와 기술이 악마까지도 '사람'으로 만들 수 있다는 뜻이 아니겠는가.

이래서 원전을 하느냐, 마느냐는 선택의 문제로 순화(馴化)된 것이다. 그래서 미국도 하고, 영국도 하고, 심지어는 혼쭐이 났던 일본까지도 계속하겠다는 거다.

우리가 원전 'Go'로 선택한 것은 잘한 일이다.

흔히 쉬운 말로 '대체에너지로 간다, 친환경으로 간다.' 하지만 아직은 멀었다. 풍력, 태양력, 기술이 못 따라간다. kw당 발전단가로 비교해 보면 금방 안다. 석탄 71원, LNG 126원, 수력 118원, 기름 150원, 풍력 124원, 태양력 264원. 그런데 원자력은 62원이다.

바로 이웃인 일본의 후쿠시마 원전사고는 모두에게 큰 충격이었다. 반대 여론이 하늘을 찌르는 이 판에 원자력을 하자고? 설득력이 없다? 잘 안다. 그러나 아직은 내 신념이다. '네 신념이 뭐 그리 대단하다고?' 좋다. Bill Gates 얘기를 좀 하겠다. Bill Gates가 작년 4월에 방한한 것은 기억할 것이다.

청와대를 방문한 자리에서 Bill이 꺼낸 중요한 얘기 중의 하나가 제4세대 원자력 발전에 관한 것이었다. 후쿠시마 사건을 바로 1년 전에 다 같이 겪고 하는 말이다. 얘기를 듣고 난 박근혜 대통령도 전적으로 공감하면서 창조경제와 연관시켜 발전시켜 보겠다는 구상까지 한 것 같다.

Bill이 개발 중인 원자로는 어떤 것인가? 2008년 그는 TerraPower라는 벤처회사를 설립, Traveling Wave Reactor (TWR)의 일종인 SFR이라는 고성능 소듐냉각 고속원자로를 개발 중이다. 머리 좋은 그가 왜 원자력에 집착하는가? 첨단기술을 다루어 본 그의 판단은 원자력에 대한 일반적인 부정적 인식, 인간에 의한 오작동, 폐기물의 처리 등 모두를 감안하더라도, 원자력이 아직은 가장 안전하고 친환경적인 에너지라는 확신을 갖고 있기 때문이다.

물론 그가 개발 중인 원자로는 현재 우리가 가동 중인 것과는 상당히 다르다. 그러나 지금까지의 원자력 기술을 기반으로 더 싸고, 더 적고, 더 안전한 것을 개발 중이다. 지금까지 알려진 특징은 연료를 농축할 필요도 없고, 사용된 연료를 재활용해 한번

가동하면 재충전할 필요도 없으며, 크기도 작아(폭3m, 길이4m) 땅속에 묻어 100년을 가동시킨다는 것이다. 여기엔 미 정부도 관심이 많아 Obama 대통령은 2012년에만 8억 5,000만불을 개발비로 지원하였다. 우리도 이젠 원자력 대국이 아닌가? 우리는 그동안 세계적인 인물들도 많이 배출해, Bill Gates가 우리한테 손을 내밀고 있는 형편이다. 지금 한동대 총장 장순흥 박사는 이 프로젝트에 깊이 관여하고 있고, 우리 원자력연구소도 공동개발에 참여하였다가 몇 가지 조건이 안 맞아 소강상태이다. 한마디로 나의 주장은 허황된 고집이 아닌 것이다.

세상을 살면서 한쪽을 선택해야 하는 기로에 설 때가 많다.

마찬가지로 세상을 대하는 태도도 둘로 나누어 볼 수도 있을 것이다. 적극과 소극이라 해도 좋다. 보수와 진보로 보아도 좋다. 엄밀히 말하면 태도나 수단이 아니라 보다 근본적인, 세상을 어떻게 보는가 하는 사상(思想)의 문제로 귀결된다.

아주 쉬운 말로 '세상엔 공짜가 없다'란 말이 있다. 생각해 보면 생명체계가 유지되는 것도 잔인한 먹이사슬이 성립되기 때문이다. 생명이 생명을 먹어야 이어가는 세상의 이치(理致). 귀중한 생명체계를 유지하기 위해 공짜가 없는 것이다.

선택의 기로에서도 가만히 살펴보면 반드시 어느 한쪽엔 위험이 도사리고 있다. 당연히 사람들은 그쪽을 기피한다. 그러나 옳은 선택은 위험을 안고 있는 쪽이다. 위험을 감수하지 않고 무엇을 얻겠다는 것인가. 공짜가 없는 세상 이치는 무엇을 말하는가?

세상은 삼성이 소니를 이긴 것을 별의별 이론으로 설명한다. 그러나 자세히 살펴보라. 삼성은 세상 이치를 따랐을 뿐이다. 소위 Risk Taking이다.

대저(大抵) 조직이나 국가성쇠의 열쇠는 바로 여기 있다. Risk Taking을 주저하지 않는 Top의 용기, 그리고 직원, 국민의 사기(士氣)다. 위험을 앞에 둘 때 사기는 오른다. 위험을 두려워 않는 용기, 경쟁을 피하지 않는 정신, 이때 조직은 투지에 불탄다. 조직 전체가 긴장하고, 단결한다. 선택의 기로에서 꽁무니를 빼면 패배주의가 모르는 사이에 만연해 언젠가 그 조직은 쇠퇴하기 마련이다.

적자생존, 자연도태라는 말이 있다. 우주의 이치, 곧 천지자연의 이(理)다. 적응하지 못하는 약자는 살아남지 못한다는 우주의 이치다. 잘난 자는 앞서고, 경쟁으로 조화와 질서를 유지하는 게 천지자연이다. 진보좌파가 말하는 절대평등이나 경쟁 없는 세상은 우주의 원리에 어긋난다. 좌파의 원조 공산주의가 왜 망했는가?

원전은 혹자의 주장들처럼 재앙을 불러올 수도 있다. 그러나 지금 우리 기술은 재앙까지도 피해가는 수준에 와 있다. 구더기가 무섭다고 장을 안 담글 것인가? 공짜만 먹고 살겠다는 몰염치를 세상 이치가 순순히 받아줄 것 같은가?

우리는 원전으로 가야 한다.

8. 차라리 사표를

'87년 7월, 김종채 건설처장이 결재를 올렸다. 원전 11, 12호기 낙찰자를 발표하고 얼마 지나지 않아서다.

"무슨 결재요?"

"현대와의 수의계약(隨意契約) 건입니다." 아주 편안하게 얘기한다.

"무슨 공산데 수의계약을 해? 입찰을 해야지."

"토목공사인데, 현대하고 해야 합니다." 꼭 현대 직원 같은 소리를 한다. 더구나 수의계약을 한다면서 안색 하나 안 변한다.

"토목공사, 현대, 수의계약, 난 도무지 이해할 수 없소. 토목이라면 당연히 입찰을 해야 할 게 아니오."

"아, 모르셨습니까?"

"뭘 말이오."

"그게 말입니다…."

이어지는 그의 설명은 원자력발전소는 안전상(安全上) ASME(American Society of Mechanical Engineers) Stamp를 가진 회사가 해야 하는데, 그 인증서를 가진 국내 업체는 현대뿐이라는 것. 그래서 지난 10년 이 공사는 현대가 수의계약으로 독점해 왔다고 하였다.

현대가 아니면 공사를 못하기라도 하듯 현대를 감싼다. 나중에 안 일이지만 그로서는 너무도 당연한 일이라 내겐 그렇게 비친 것이다.

"알았어요. 합시다." 결재 난에 '正'이라고 썼다.

김종채. 서울공대를 나온 전주(全州) 수재. 그의 해박한 지식과 명석한 논리는 나를 늘 감탄케 했다. 언젠가 김재섭 처장과 마찬가지로 전무 승진을 타진했다. 펄쩍 뛴다.

"아니, 승진을 사양하는 사람이 어디 있소."

"글쎄, 저는 안 됩니다."

"무슨 특별한 이유라도 있는 거요?"

"승진은 때가 있는 겁니다. 제 위로 선배들이 많습니다."

'멋진 사나이구나.' 그 후론 그가 더 커 보였다. 수의계약을 두고 거침없던 그의 태도에 추호의 불쾌감도 느낄 수 없었던 게 평소의 그에 대한 신뢰 때문이다.

한 달이나 지났을까? 정부에서 통보하기를 현대와의 수의계약을 바로 해약하라는 것이다. '무슨 당치 않은 소리?'

동자부 장관에게 전화를 걸었다.

"장관님, 해약은 안 됩니다."

"수의계약인데 왜 안 된다는 거죠?"

"그게 보통 수의계약이 아니라니까요."

"뭐가 다른데?"

"원전 공사인증을 현대만 갖고 있기 때문에 지난 10년 현대가 독점해 오던 공사입니다."

"그래도 정부방침은 해약입니다. 바로 해약하세요."

'이런 고얀 일이 있나.' 부아가 불쑥 났다.

"장관님, 나 해약 못 합니다."

"아니 그런 말이 어디 있소?" 다소 불쾌한 목소리다.

"멀쩡한 계약을 해놓고, 하자도 없는 계약을 일방적으로 해약을 하는 경우가 어디 있습니까?" 내 목소리도 격앙되있을 것이다.

"박 사장, 이건 정부 방침입니다. 해약해요."

한참 동안 수화기를 든 채 숨을 가라앉혔다. 너무 화가 난다. 아무리 내가 갑이라지만 그런 횡포는 할 수 없다. 그냥 수화기를 들고 있었다.

"박 사장, 박 사장--." 장관도 화가 난 것이다.

"장관님, 나 해약 못 합니다. 해약 서명하느니 차라리 사표를 내지요." 전화를 끊어 버렸다.

Call back이 왔다. 전화를 안 받았다.

그길로 동자부로 달려갔다. 장관실로 들어갔다. 악수를 하는 둥 마는 둥 사표를 장관 책상 위에 놓았다.

"죄송합니다." 인사는 차렸다.

그냥 돌아서 나오는데 장관이 붙든다. 그대로 나오는 건 아무래도 예는 아니다. 못 이기는 척 자리에 앉았다.

차가 나왔다. 나는 할 말이 없다. 장관도 할 말이 있을 리 없다.

최창락 장관, 서울대를 거처 미 벤더빌트에서 경제학을 전공한 당대 수재. 준수한 외모에 품위 있는 풍신이 조선조의 고고한 선비를 연상케 한다. 많은 것을 배웠다. 특히 산은 총재 시절 어려운 한국중공업을 맡고 있던 나는 여러모로 도움을 받았다. 오늘만은 사정이 있어 어색한 자리가 되었지만 우리 사이는 늘 아름다웠다.

기자실에 들렀다. 기자는 역시 기자다. 어느새 여럿이 모였다. 질문이 쏟아진다. 여러 말 할 필요도 없고 하고 싶지도 않았다.

'며칠 전 계약서에 서명한 내가 하자도 없는 계약을 내 자신의 손으로 해약한다는 것은 한 입으로 두말을 하는 꼴. 비즈니스에서 계약행위는 최고의 약속이라는 것. 갑인 내가 약속을 못 지킬 바엔 사표를 내는 게 도리라는 것.'

자리를 일어섰다. 몇몇은 집요하게 따라붙는다. 묵살했다. 귀사해서 임 실장에게 사무실 정리를 지시했다.

지난 얘기로, 후임자로 온 한봉수 사장이 바로 해약서명을 했다. 그리고 며칠 후 자기가 해약서명한 똑같은 공사를 다시 수의계약 한다. 웃을 일이 아니다. 이게 현실이다. 사람 사는 세상이다.

9. 200명이 입을 맞추어

얼마 후 노태우 대통령이 취임했다. 6공이다. 5공 무너뜨리기가 시작됐다. 전임자의 흠집을 내는 것, 정치가들이 으레껏 하는 수순이다. 대통령은 안 그런데 참모들이 문제다. 어리석은 짓거리다. 하수 중에서도 하수정략(下手政略)이다. 고수(高手) 정치를 모르니 우리 정치가 만날 이 꼴이다.

아주 '5공 비리'라는 용어까지 만들었다. 그들 눈에는 만만한 게 원전(原電)이다. 털면 나온다고 생각한다. 당연히 내가 사냥감이다.

먼저 감사원이 덤볐다. 유사 이래 최대 감사팀이 전방위 감사를 위해 동원되었다. 한전의 기능이 마비될 정도로 감사는 치열했다. 무려 석 달을 뒤졌다. 직원들 고통이 이만저만이 아니었다.

나의 재임기간 중 있었던 웬만한 일은 모두 도마 위에 올랐다. 원전 11, 12호기의 입찰로부터 평가와 계약에 이르는 전 과정이 샅샅이 파헤쳐졌다. 웨스팅하우스가 11, 12호기의 전면적인 계약무효를 주장하고 나섰기 때문이다. 조사서가 수백 페이지에 이르렀다. 그러나 나온 게 없다. 다친 사람도 경친 사람도 없다. 오히려 감사원이라는 국가 최고 감사기관이 11, 12호기의 공정성과 객관성을 입증한 결과가 되었다. 웨스팅하우스가 끽소리도 못한 게 사실은 감사원의 철저한 감사 덕이었을지도 모른다.

이번엔 검찰이 나섰다. 11, 12호기의 적법성을 따지고 들었다. 200여 명이 한 달이나 불려다녔다. 임한쾌, 심창생 같은 경우는 한 달 동안 숫제 검찰청으로 출근을 했다.

200여 명의 대답이 한결같았다. 모두가 똑같은 얘기다. '사장이 시킨 게 아니라 우리가 했다.' 한 달이 지났다.

가열(苛烈)한 조사가 밑바닥까지 드러내 '진짜 진실'이 밝혀지는 계기가 되었다. 실망한 것은 일부 정치권과 탈락한 몇몇 업자들뿐이었다. 태산명동(泰山鳴動)에 서일필(鼠一匹) 격이 되었다.

어느 날인가 검찰이 나를 불렀다. 담당검사 정상명. 훗날 검찰총장이 된 알아주는 검사.

"참 희한합니다. 200여 명이 모두 똑같은 말만 합니다. 사전에 입을 맞추어도 철저하게 잘도 맞추었습니다."

나는 웃었다. 그도 따라 웃는다.

10. 대단원 (大團圓)

한참을 망설이던 글이다. 망발이 될 수도 있고, 허황된 무용담으로 웃음거리가 될 수도 있기 때문이다. 주위에서 보챈다. 사실을 기록으로 남기는 일은 또 다른 소명(召命)이라고. 손가락질이 무서웠으면 처음부터 무대에 오르지 말았어야 했다고.

혹자는 거창하게 헤로도투스를 들먹이고, 《서경書經》에 《사기(史記)》까지 거론한다. 《오디세이아》가 주는 영감을 잊었느냐고.

내 어느덧 여든 수(叟)이니 미룰 수도 없구나.
급히 든 붓으로 서둔 글이라 졸속(拙速)을 면치 못하였다. 우선 거칠다. 잘못된 곳, 거친 용어, 해량(海諒) 바란다.

집에서 쉬면서도 여한은 없었다. 모두가 내 탓이지 남의 탓은 아니니까. 사장실 회전의자나 돌리며 인심이나 썼으면 다툴 일도 없었다. 공연히 '천명(天命)이다', '역사(歷史)에 동원된 조직이다.'를 쳐드니까 사표도 내게 되는 것이다. 세상만사 연기(緣起)의 소산, 모든 것은 내가 부른 것이다. 이제 에너토피아가 목전(目前)에 이르고, 기술자립(技術自立)까지 했으면 더 바랄 게 없지 않은가.

'87년 7월 16일, 새로 지은 본사 강당에 직원들이 다 모였다. 전국의 지점, 지사에서도 사내 방송 앞에 모였다. 나의 이임식을 지켜보기 위해서다.

내게 충고와 조언을 아끼지 않던 박원태 홍보실장이 두툼한 이임사를 정성껏 준비해 왔다. 훑어보니 잘된 글이다. 너무 길었다. 여러 말을 하고 싶지 않았다. 단상으로 올라갔다. 길게 숨을 쉬고 천천히 떠나는 인사를 시작했다.

"자연은 우리 인간에게 좋은 이치를 가르쳐 줍니다.
개울물은 소리내어 흘러도 깊은 강물은 말없이 흐릅니다.
갈잎 사이로 부는 바람소리는 있어도 산등성이를 넘는 바람은 소리가 없습니다.
사랑하는 韓電 형제 여러분,
안녕히 계십시오!"

2014년 7월
Eugene

발자취

1983. 4~1987. 9

"소통" (한라산, 1986. 5. 10)

▲ 행동지침 선도요원반 특강 (1983. 11. 15)

▼ 남부지역 한전인 전진대회 (노고단, 1985. 5. 11)

▲ 김재진 경북지사장(왼쪽)과 박만윤 전남지사장(오른쪽)이 필자에게 기념메달을 걸어주고 있다. (1985. 5. 11)

▲ 한일병원 순시 (1985. 1. 17). 좌로부터 노태일 병원장, 민경식 전무, 필자, 그리고 병원 관계자들.

▼ 쌍문동 한전사원아파트 준공식 (1986. 11. 20)

▲ 세종문화회관에서 열린 제1회 경향전기·에너지대상 시상식 (1985. 10. 8)

▼ 1985년에 착공, 1987년 8월에 개관한 속초생활연수원 전경

▲ 옛 그린벨트에 세워진 한수원 인재개발원(전 고리연수원). 지금은 국제원자력대학원(KIN
까지 들어서 해외 19개국에서 온 55명의 유학생을 포함 120여 명의 원자력 전문인력이 연−
는 세계적인 연수원이 되었다.

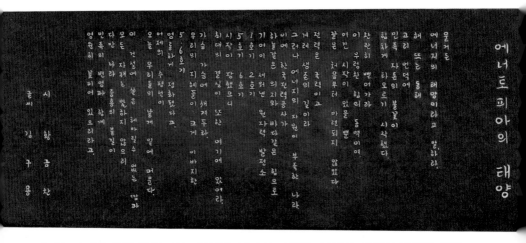

▲ 에너토피아를 위한 헌시. 시는 황금찬 시인이 지었고, 김구용 선생이 글씨를 썼다.

▲ 고리에 건립된 에너토피아비 (1986. 6. 2).

▲ 제1회 전국유소년축구대회 (충주, 1984. 10. 26)

◀86 아시안게임 3관왕
임춘애 (1986. 9)

▲ 강릉지사. 1988년 5월 1일 착공, 1990년 9월 24일 준공. 가운데 누각이 광영루.

▲ 강릉지사 전경. 맨 왼쪽 누각이 명례당, 가운데가 창신각, 오른쪽이 광영루.

▲ 월성1호기 이용율 세계 1위 달성 기념탑 (1986. 3. 3)

218 · 어느 할아버지의 에너토피아 이야기

▲ 1983년 착공, '85년 12월 5일 준공한 전주지사 사옥. 현 전북지역본부

▼ 강릉지사를 설계한 서울대 김진균 교수의 또 다른 작품인 광주지사 사옥. 현 광주전남지역본부. 1990년 5월 26일 준공

▲ 1986년 12월 19일 착공하여 1989년 3월 31일 준공한 경주지점 사옥

▼ 소나무정원과 조각 '인류애'. 홍익대 최기원 교수 작품.

▲ 삼성동 본사 전경

▲ 본사 소나무정원을 배경으로 서 있는 한전인 상(像). 서울대 임송자 교수의
작품.

'역동'. 배기구를 아름다운 작품으로 승화하였다. 김영중, 권순형 교수 공동작품.

▲ 벡텔 사의 라인슈 사장 내방 (1983. 12. 15)

▲원전 기술자립의 주역들. 좌로부터 한국종 부처장, 심창생 처장, 최대용 처장, 김종채 처장, 이종훈 부사장, 필자, 박춘거 감사, 이원배 전무, 장기옥 처장, 임한쾌 처장. 사진에는 없지만 민경식 전무, 정건 처장, 이중재 부처장의 공로도 빼놓을 수 없다.